PARIS

Responsable éditorial : Pierre Gerbeaud
Direction artistique : Paolo Genta
Traduction : Harry Forster
Relecture : Didier Nourry

ISBN 978-2-88453-160-3

PARIS

Photographies : JACQUES BRAVO Textes : FRANÇOIS PÉDRON

La Bibliothèque des Arts

Avant-Propos

« Chaque homme a deux patries, a dit Mark Twain, la sienne et Paris. »
Nous sommes donc tous parisiens. De cœur, d'esprit.
Au fil de nos pérégrinations, douze directions ont été définies, qui ne se veulent surtout pas un guide. « Direction » n'est même pas le mot idéal, ce n'est pas non plus un axe, mais plutôt une envie qui se matérialise sur une carte imaginaire.
Puisqu'il faut quand même des repères, pour fixer les rêves, nous avons tenté de réunir ce qui fait le charme de la ville : ce qu'elle fut, ce qu'elle est, ce qu'elle devient.
Les trois époques s'interpénètrent. Inextricablement, c'est heureux !
Paris ne peut se voir et se lire qu'au pluriel.

Nous n'allons pas justifier nos choix mais tenter de vous les faire partager.
Ce livre est né d'innombrables promenades toujours renouvelées.
On ne recommence jamais une virée dans Paris, de même qu'on ne se baigne jamais deux fois dans la même eau d'un fleuve.

Partir, nécessairement, du cœur de Paris, mais pas forcément du parvis de Notre-Dame qui n'est qu'un choix technique pour les Ponts et Chaussées.
Le cœur n'est pas un point, encore moins une borne.
Nous sommes donc partis de l'espace de la Cité, sans autre précision. Nez au vent.
À la découverte d'une ville « éternelle » dans ses métamorphoses, même si on sait depuis Baudelaire que la forme d'une ville change plus vite que le cœur de l'homme.

Forward

Mark Twain allegedly once said that everyone has two homes, their own and Paris.
So in a sense we are all Parisians, in heart and mind.
In the course of our wandering we have selected twelve overall directions, which make no pretence of serving as a guide.
The word 'direction' is not even ideal, not so much a route as a yearning which takes shape on an imaginary map.
As we do nevertheless need points of reference to pinpoint dreams, we have tried to capture the essence of the city's charm, what it was, is and will be.
The three epochs are inextricably connected, which is just as well.
Paris can only be seen and deciphered in the plural.

We are not going to justify our choice, but rather attempt to share it with you.
This book is the fruit of countless walks, with something new each time.
It is never quite the same in Paris, much as one can never step into the same river twice.

We start, of course, from the centre of Paris but not necessarily from outside Notre Dame, which is a technical option for surveyors.
The heart of the city is not a fixed point, less still a milestone.
So we shall start from somewhere close to Ile de la Cité, without further details, following our nose, out to explore an 'eternal' city in all its shifts, though we know from Baudelaire that the form of a city changes more swiftly than the heart of man.

LES CHEMINS DE LA MARÉE

Des Halles aux Puces, par Montmartre

Remonter le cours de l'histoire en partant des Halles vers lesquelles convergeaient depuis huit cents ans les produits de la mer, mais pas seulement huîtres et morues. Une trentaine d'heures pour arriver de Dieppe en char à bœufs, c'est un exploit. Ce n'était pas toujours le cas puisque Vatel a jugé bon de s'ouvrir le ventre de désespoir car la marée était en retard à Chantilly. Depardieu raconte l'histoire à sa façon au cinéma : si l'histoire est malmenée, le décor est très réussi…
Le « ventre » de Paris, très rebondi, était adossé au cimetière des Innocents, sans souci du principe de précaution qui nous fait la vie si belle. Aujourd'hui, on prend évidemment le chemin de la mer à contresens, puisque Dieppe n'est toujours pas une banlieue de Paris. On parle des bancs d'huîtres, arrivées en quelques heures, des tables qui perpétuent l'art de vivre depuis des lustres, puisque les Halles qui ont perdu leur bedaine gardent un solide coup de fourchette. Montorgueil est l'exemple même d'un quartier piétonnier réussi, qui ressemble, avec les fripes du XXIe siècle, à celui qu'il a été du temps de ses oripeaux. La rue Montorgueil est un condensé pétillant qui longe la rue du Louvre dans sa partie la moins affriolante, jusqu'à ce qu'il faille prendre la rue du Faubourg-Montmartre qui mène à ce qu'il est inconcevable de rater : Montmartre, par la rue des Martyrs, ou la place Saint-Georges pour les fans du Moulin-Rouge. Sur les premières pentes de la Butte, commence la Nouvelle Athènes le rêve des artistes dans le seconde moitié du XIXe siècle.
N'entrons pas dans le vain débat des frontières de Montmartre. Nous ne sommes plus au temps du mur des Fermiers généraux, ni des fortifications. Montmartre commence quand la pente devient plus raide. En revanche, précisons tout de suite que Montmartre n'est pas un « village », formule facile et dévaluée, mais bien l'âme d'une ville dans la ville, qui déborde largement le périmètre de la basilique ! Montmartre cascade aussi vers le nord, vers l'ouest et n'est arrêté à l'est que par la Goutte-d'Or. C'est, peut-être (mais la restriction est pure politesse), la seule ville au monde dont il convient de parcourir toutes les rues pour l'apprécier.
On ne marchande pas Montmartre, on le savoure, on en reprend, on le conseille

THE SEAFOOD ROUTE

Les Halles to the Puces via Montmartre

This takes us back into the past, starting from Les Halles on which seafood and other commodities converged for 800 years. In the early days it was quite an achievement to complete the journey from Dieppe in an ox-cart in under 30 hours. Some had higher expectations, for the chef Vatel fell on his sword in shame when a delivery of fish to Chantilly was delayed. Gérard Depardieu tells the story in his own way in a film: the narrative suffers somewhat but the decor is superb.
The Ventre de Paris, as the main market was known, backed onto the graveyard of the Innocents church, with no concern for today's precautionary principles.
Dieppe is still not a suburb of Paris, so we propose to head for the sea. We shall start with all those oysters that arrive here in just a few hours and the fine restaurants which have for years perpetuated a certain art de vivre*, Les Halles having lost its market but not its eateries. The Montorgueil district is a good example of a successful pedestrian precinct, very similar with its 21st century garment trade to the days when it was decked in rags.*
The Rue Montorgueil itself is particularly lively, running parallel to the least attractive part of Rue du Louvre, until we branch off into Rue du Faubourg Montmartre, which leads predictably to the one thing you must not miss: Montmartre, via Rue des Martyrs, or Place Saint Georges for fans of the Moulin Rouge. The proper name for the lower slopes of the hill is actually La Nouvelle Athènes.
We shall avoid any vain discussion of the borders of Montmartre. Long gone the battlements or the wall raised by the farmers-general. The neighbourhood begins at the point when it really starts to climb.
However we should point out that it is not a village, a facile and meaningless notion, but the very soul of the town, the quintessence of the city, reaching well beyond the perimeter of the basilica. It extends north and westward too, its eastward progress only really ending at the Goutte d'Or. It is perhaps – just to be polite – the only town in the world where one needs to visit every street to fully appreciate the place.
You cannot have Montmartre on the cheap. Savour it, have another helping and

à ses amis. Rien de commun entre la rue du Poteau et la rue des Trois-Frères où travaillait le bon docteur Clemenceau. Idem entre la place Charles-Dullin et son théâtre de l'Atelier, le plus ancien de Paris, et la rue Carpeaux : deux mondes.
La rue des Saules n'est pas la rue Cortot : elles se croisent simplement.
Que dire des trois jeux de boules qu'il faut repérer sous les feuillages ; des tables de la rue Caulaincourt, presque trop larges, certes, dans cet univers millimétré, mais accueillantes comme une rue qui aurait connu Géricault, Eugène Sue, Berlioz ou Georges Michel, le peintre qui inventa la Butte : gloire à son nom.
La rue du Mont-Cenis illustre parfaitement cette diversité quasi génétique, elle est si variée qu'on oublie qu'elle commence devant l'église Saint-Pierre, au sommet, et qu'elle dévale pendant deux kilomètres, jusqu'aux Puces. Les fameux escaliers de la chanson, c'est elle qui les collectionne en inventant des placettes exquises.
La meilleure façon de cascader jusqu'à ces Puces de Saint-Ouen, qui sont à la porte Clignancourt ! De l'antiquaire doré sur tranche jusqu'au brocanteur matois, divisées entre ses marchés chics ou ouverts, ses stands lambrissés ou disposés sur le pavé, les Puces maintiennent leur réputation avec un slogan cannibalisé par un grand magasin des bords de Seine, actuellement fermé : « On y trouve tout ! Vraiment tout. Ali Baba, c'est vous. »

recommend it to your friends. There is no comparing Rue du Poteau and Rue des Trois Frères where the good Dr Clemenceau worked. The same goes for Place André Barsacq and its Théâtre de l'Atelier, the oldest in Paris, and Place Carpeaux. Worlds apart. Rue des Saules is not the same as Rue Cortot. They simply intersect. Then there are the three boules *parks under the trees, the tables on Rue Caulaincourt, almost too wide in this tightly packed environment, but welcoming as might be expected of a street once frequented by Théodore Géricault, Eugène Sue, Hector Berlioz and Georges Michel, the painter who invented the place, glory be!*
Rue du Mont Cenis is a perfect illustration of this inbred diversity, so varied that you soon forget it starts outside Saint Pierre's church, at the top, running downhill for two kilometres as far as the flea market. The stairs mentioned La Complainte de la Butte *are here, a whole string of them connecting exquisite little squares. Much the best way to reach the Saint Ouen flea market, actually located at Porte de Clignancourt! 'You may find anything at Les Puces', or so they say, even this slogan having been borrowed from a famous department store.*
There is certainly an amazing mixture of high-class antique dealers, shifty junk traders, fancy covered markets and open-air stalls, with some goods just strewn on the ground. It is up to you to take the part of Ali Baba.

<< p. 8 : La butte Montmartre, le Sacré-Cœur et son campanile (83 m)
vus d'un balcon de la rue Jean-Baptiste-Pigalle, à la hauteur de l'église de La Trinité.
On dirait un magnifique ciel d'orage d'août, mais elle a été prise à 17h30 un 21 janvier !

*<< p. 8 : Montmartre hill, the Sacré Coeur and its bell-tower (83m),
from a balcony on Rue Jean-Baptiste Pigalle, near the Trinité church.
Apparently a stormy August afternoon, but actually taken at 17.30 on 21 January!*

Place Marcel-Aymé, à la hauteur de la rue Norvins.
Jean Marais a sculpté celui qui fut si longtemps son voisin, dans le rôle d'un de ses personnages les plus attachants : le passe-muraille. Au cinéma, c'est Bourvil qui tenait le rôle.

*Place Marcel Aymé, opposite Rue Norvins.
Jean Marais sculpted a long-standing neighbour, playing the part of one of his most endearing characters, who could walk through walls. In the film version Bourvil took this role.*

Le Forum des Halles. 190 commerçants reçoivent 48 millions de clients par an. Il doit être reconstruit et repensé.
1971, démolition de sept des huit pavillons. Le huitième est installé à Nogent-sur-Marne. 1979, inauguration du Forum.
1986, aménagement des jardins. C'est aussi la plus grande gare du RER : 800 000 usagers chaque jour.

*Forum des Halles, where 190 shops await 48 million customers a year. It is to be redesigned and rebuilt.
In 1971 all but one of the pavilions were demolished. The eighth was moved to Nogent sur Marne.
The mall opened in 1979, the gardens following in 1986. It is also the largest RER subway station, handling 800,000 riders a day.*

Les pergolas du jardin des Halles. Une vue qui est déjà un document d'archives, car tout le site sera bouleversé par le projet de David Mangin qui doit tout rénover, et pas seulement en surface. Le Forum redeviendra le carreau des Halles. Quand ?

The roof gardens on the mall. This is already a historical document as David Mangin's mandate to refurbish the entire complex will bring radical changes. The Forum will also regain its old name, Carreau des Halles. But when?

Saint-Eustache, côté sud, vu du jardin des Halles qui vit ses dernières heures. Un seul clocher et une façade Louis XIII trop petite pour sa hauteur gothique. Mais l'ensemble est attachant. Le joyau de cet édifice qui a mis plus d'un siècle et demi pour être achevé, sans être jamais vraiment terminé, c'est l'orgue : 8 000 tuyaux, le premier d'Europe. Et une superbe tapisserie des Gobelins oubliée dans un grenier et restaurée en 1932.

Saint Eustache from the south, a view from the gardens of Les Halles, soon to disappear. A single bell-tower and a Louis XIII façade too small for its Gothic height, but nevertheless endearing. The best part – the organ – took (almost) 150 years to complete, with 8,000 pipes, making it the largest in Europe. A superb Gobelins tapestry was found in an attic and restored in 1932.

Saint-Eustache. Ses vitraux des XVIe et XVIIe siècles sont les derniers de Paris car la mode, à partir de Louis XIV, a été de les démonter pour les remplacer par des verres dépolis qui laissaient passer davantage de lumière.

Saint Eustache. Its 16th and 17th century stained glass was the last to be fitted in Paris. Under Louis XIV it became fashionable to fit clear glass to let in more light.

Saint-Eustache. Elle était vraiment l'église des Halles, au débouché de la rue Montmartre, depuis le XIIe siècle, terminus du chemin de la marée et des maraîchers de la proche région : Raymond Masson a sculpté ce *Départ des fruits et légumes du cœur de Paris, le 28 février 1969*, représentant le déménagement des Halles vers Rungis.

Saint Eustache, founded in the 12th century, stands at the start of Rue Montmartre. It really was the church for the markets, on which produce converged from all round Paris and further afield. Raymond Masson sculpted this Fruit and Vegetables Leaving the Heart of Paris on 28 February 1969, as Les Halles moved to Rungis.

Passage du Grand-Cerf (117 m x 3 m). Il porte le nom d'une ancienne hôtellerie. Terminé vers 1835, c'est le plus haut des passages parisiens (près de 12 m) et le plus éclairé grâce à une structure métallique légère. Remis à neuf en 1990, c'est un endroit branché avec des boutiques de mode et de design.

Passage du Grand Cerf (117m x 3m), named after a hostelry. Completed in 1835 it is the loftiest (almost 12m) arcade in Paris and the brightest thanks to its light metal structure. Refurbished in 1990, it is a fashionable spot with alluring shops.

« Galerie Véro-Dodat » (80 m x 4 m), puisque c'est un des deux passages parisiens qui a le droit de s'appeler galerie. Les clients disent l'un ou l'autre, c'est l'usage qui décide. Il a été construit en 1826 par un charcutier, le sieur Véro, associé à un affairiste, le sieur Dodat. Idéalement placé pour servir de passage entre les Halles et le Palais-Royal, c'est le mieux décoré. Un musée de la Restauration.

Galerie Véro-Dodat (80m x 4m), one of two Paris arcades entitled to call itself a galerie. People actually use both terms and usage is what counts. It was built in 1826 by Messrs Véro and Dodat, respectively pork butcher and entrepreneur. Ideally placed to connect Les Halles and Palais Royal, this Restoration treasure is beautifully decorated.

Place Saint-Georges. Gavarni, le peintre le plus apprécié de son temps, contemple avec ironie l'hôtel de la Païva, célèbre cocotte du Second Empire devenue duchesse et milliardaire en épousant un cousin de Bismarck. Derrière l'artiste, l'hôtel Dôsne-Thiers, bibliothèque historique et salons de réception.
Dôsne, riche marchand de parapluies était le beau-père d'Adolphe Thiers, le plus petit de nos grands hommes.

Place Saint Georges: Gavarni, the best loved painter of his era, gazes ironically at the home of La Païva, a Second Empire courtesan who achieved fame and fortune by wedding a cousin of Bismarck. Behind the artist, the Hôtel Dôsne-Thiers, with its fine library and reception rooms. Dôsne, a prosperous umbrella-maker was the father-in-law of Adolphe Thiers, the smallest of France's great men.

Place des Victoires. Celles de Louis XIV, bien sûr, en son centre. Une image impossible aujourd'hui puisque des travaux masquent le Roi-Soleil. Statue équestre classique, ce sont les deux panneaux de bronze, ornant le piédestal, qui sont le plus intéressant.

Place des Victoires, for all the battles won by Louis XIV who features at its centre. This picture would be impossible at present, the classical equestrian statue being hidden by a building site. Do not miss the two bronze panels decorating the base.

victoire

Opéra Garnier. *La pythonisse*, par Marcello (1872).
Installée dans le vestibule circulaire situé sous la salle de spectacle, cette sculpture inquiétante dans ce lieu de plaisir, rappelle aussi la gravité de l'art lyrique.
Le sculpteur, une femme du grand monde, née Adèle d'Affry et devenue duchesse de Castiglione-Colonna par mariage, se cachait derrière le pseudonyme masculin de Marcello.

Opéra Garnier. The pythonisse, *by Marcello (1872).*
Installed in the circular hall located under the theater, this worrying sculpture in this place of pleasure, point out also the gravity of the lyric art.
The sculptor Adèle d'Affry, a leading socialite who became the Duchess of Castiglione-Colonna when she wed, adopted the pseudonym Marcello to conceal her identity.

Opéra Garnier. La coupole et Apollon, dieu des arts et sa lyre, qui culmine à 73,30 m. Depuis l'ouverture de l'Opéra Bastille en 1989, l'Opéra de Paris devient Garnier, du nom de son architecte tout-puissant qui a dirigé toute la décoration et les 70 peintres et sculpteurs pendant treize ans. La scène fait 20 m de hauteur.

Opéra Garnier. The cupola and Apollo, patron of the arts with his lyre, rising to 73.30m. When the new Bastille opera house opened in 1989, the old Paris opera adopted the name of its all-powerful architect who for 13 years directed the interior decorating, with some 70 painters and sculptors. The stage is 20m high.

N E N E N E N
ACADEMIE NATIONALE DE MUSIQUE

Montmartre. La rue Foyatier. Cette rue-escalier descend du parvis du Sacré-Cœur vers la rue Tardieu et la place Saint-Pierre en longeant le funiculaire. Comparée à la rue Drevet ou à la rue du Calvaire, qui sont de vraies échelles de meunier, c'est presque un boulevard.

Montmartre, Rue Foyatier. The steps run down from in front of the Sacré Coeur to Rue Tardieu and Place Saint Pierre, beside the cable railway. Compared with Rue Drevet and Rue du Calvaire, which are as steep as ladders, this is almost easy-going.

Montmartre. Les vignes à l'automne. Ce n'est pas une vigne de comédie mais un vrai terroir avec ses deux cépages : gamay et pinot noir. Ses 1 800 pieds sur 1 500 m², soigneusement entretenus, donnent 800 flacons vendus au profit des bonnes œuvres. La fête des vendanges est très animée.

Montmartre. The vineyard in the autumn, and no joke with two varieties, Gamay and Pinot Noir. Some 1,800 carefully groomed vines occupy 1,500 square metres, yielding 800 bottles sold for charity. The festivities for the harvest are very lively.

AU
LAPIN AGILE
CABARET
RUE
DES
SAULES
AU
LAPIN AGILE
CABARET
Poèmes et Chansons
VERS 21h
Lundi)

Montmartre. Au Lapin Agile. Le miracle est que ce haut lieu de la pensée libre ait survécu à l'urbanisation. Sur une idée de Frédé, marchand ambulant de poissons le jour et taulier le soir. Le nom est déjà un canular puisque, pour le lancement du cabaret, le poète et peintre André Gill gribouille une enseigne : un lapin dansant malgré lui dans une casserole. Le lapin de Gill devient très vite par corruption le lapin à Gill, puis agile.

Montmartre and Le Lapin Agile. It is remarkable that this temple of free thinking should have survived despite the developers. It was started by Frédé, a wandering fishmonger by day, publican by night. The name itself is a joke. When it opened the poet and painter André Gill scribbled a sign, with a rabbit dancing as best it could in a pan. 'Le Lapin de Gill' soon became 'Le Lapin à Gill' and thus 'agile'.

Montmartre. Place du Tertre. Tellement culte que les Japonais viennent y célébrer leur repas de noces. Record mondial de chevalet, un par mètre carré. Reste toujours un lieu à fréquenter, de l'aube à minuit, et qui ne déçoit jamais.

Montmartre, Place du Tertre. Such a cult location that the Japanese come here to celebrate their weddings. It holds the world record for the number of easels, one per square metre. But it is still a great place to hang out, from dawn to midnight, and never a disappointment.

L'église Saint-Pierre est le seul vestige de l'abbaye de Montmartre.
Consacrée en 1147 par le pape Eugène III,
c'est la plus vieille église de Paris.

*St Peter's church is all that remains of the Montmartre abbey.
Consecrated in 1147 by Pope Eugene III,
it is the oldest church in Paris*

Montmartre. Rue Custine, elle est presque
escamotée par l'angle de la prise de vue :
du sommet de la coupole du Sacré-Cœur.
L'expression même des toits de Paris.

*Montmartre, Rue Custine, almost
completely hidden by the angle of the shot
from the top of the Sacré Coeur dome.
The ultimate Paris roof view.*

Montmartre. Jardin Suzanne-Buisson.
Selon la légende, Denis, martyrisé par les Gallo-Romains, aurait pris sa tête entre ses mains pour aller à (Saint-) Denis, pour s'y faire enterrer, créant ainsi le lieu de pèlerinage le plus fréquenté de France.
Face à saint Denis, la statue de Dalida, au bas de la rue de l'Abreuvoir : Montmartre pratique habilement le mélange des genres.

*Montmartre, Jardin Suzanne Buisson.
Legend has it that Denis, put to death by the Gallo-Romans, picked up his head to walk to (Saint) Denis and be buried there, thus starting France's most popular place of pilgrimage.
Facing St Denis, a statue of the singer Dalida, at the end of Rue de l'Abreuvoir.
Montmartre is so good at mixing opposites.*

Square Jehan-Rictus (place des Abbesses) : le mur des 311 « je t'aime » en 250 langues est très fréquenté. En juin 2010, « Gilda », autrement dit Rita Hayworth, a remplacé Ava Gardner abîmée par les pluies et les frimas depuis sept ans. Tous les couples viennent se faire photographier devant la star si malheureuse en amour… Conception : Jean-Marc Paumier.

Square Jehan Rictus (Place des Abbesses) and a very popular wall saying 'I love you' in 250 languages. In June 2010, after seven years' ice and rain, Gilda, aka Rita Hayworth, replaced Ava Gardner, in this design by Jean-Marc Paumier. Loving couples have their picture taken beside the lovelorn star.

PONT AU CHANGE

LA RUE CANAILLE QUI MÈNE AUX TOMBEAUX DES ROIS

De la rue Saint-Denis à la basilique de Saint-Denis

C'est l'axe nord par excellence. La rive droite était consacrée aux affaires, au peuple parisien, la rive gauche aux couvents, au savoir. L'unité étant réalisée grâce à quelques ponts de bois surchargés de maisons. Paris était donc double, pas vraiment coupé en deux. Et l'axe marchand allait vers le nord, vers les grandes foires. Paris avait faim, avait soif.

La grande artère nourricière rejoignait géographiquement la basilique de Saint-Denis et la foire du Lendit. Pèlerinage fait bon ménage avec étalages. C'était le temps de grandes migrations saisonnières : un peuple affairé s'écoulait vers le nord. La rue Saint-Denis ne pouvait porter d'autre nom que ce saint patronyme, bien que sa fonction soit tout sauf pieuse. Qui dit marchands, dit clients, dit tavernes.

Où tout était à vendre…

Les filles de petite vertu sont une institution tellement ancienne que l'on dit toujours le «plus vieux métier du monde». En tout cas, c'est Louis IX, dit Saint Louis, qui a réglementé l'activité de ces filles de «bourdeaux» qu'il voulait cantonner discrètement dans de petites cabanes au bord de l'eau. La rue Saint-Denis a longtemps maintenu cette tradition, même si elle apparaît singulièrement rénovée Dans l'inconscient collectif, elle reste une rue chaude, une rue canaille. Elle garde l'âme d'un Paris ailleurs disparu, avec ses passages, ses cours. Rue des Petites-Écuries, rue des Petits-Hôtels, rue de la Grande-Truanderie, mais aussi passage du Désir ! Une rue dans laquelle on se faufile sans hâte.

Le paradoxe est que cette sente conduit droit à la première église gothique qui a généré un art ogival unique en quelques décennies. Et cette basilique, à portée de métro, est le plus grand mausolée du monde, le lieu du souvenir par excellence, qui propose un ensemble de sculptures sans égales. L'histoire de France dans le marbre, après l'histoire de la vie quotidienne des Français.

A SAUCY STREET LEADING TO THE TOMB OF KINGS

Rue Saint Denis to the Basilica of Saint Denis

This is the main route running north. The right bank was given over to trade and working people, whereas the left bank was a place of learning with numerous convents. The two halves were joined by wooden bridges stacked with houses.

Not really divided, Paris just had two sides.

The hungry, thirsty city's main trading thoroughfare ran north, towards the site of the big fairs. In geographical terms the road to the north led to the basilica of Saint Denis and the Lendit market. A pilgrimage could be combined with a little shopping. In those days there were great seasonal migrations, with people hurrying north.

It went without saying that Rue St Denis should bear this name, though its function was anything but holy.

Merchants attract buyers, who need taverns where everything is up for sale.

Women of easy virtue are such an ancient institution we still refer to the oldest trade in the world. It was Louis IX, or St Louis, who established rules for their commerce, which he wanted to restrict to unobtrusive shacks along the river. Rue St Denis has perpetuated this tradition, though it seems to have been substantially modernized.

In the popular imagination it remains a blue-light district, a rather sleazy street.

But its arcades and courtyards retain the feel of Paris which has vanished elsewhere.

Take a look at streets such as Petites Ecuries, Petits Hôtels, Grande Truanderie, not to mention Passage du Désir, streets down which one may stroll.

The joke is that Rue St Denis leads straight to the first church in the Gothic style, with pointed arches which were unique for several decades.

The basilica, which is served by the Metro, is the world's largest mausoleum, a place of remembrance with an incomparable series of sculptures.

Here is French history set in marble, while outside the story of daily of life in France continues to unfold.

<< p. 32 : La tour Saint-Jacques et le théâtre Sarah-Bernhardt vus du quai de l'Horloge. La tour de Saint-Jacques de la Boucherie a survécu à tous les vandales depuis le règne de Louis XVI. La Révolution veut en faire une carrière de pierres. Napoléon décide de la raser parce qu'elle gêne la grande perspective Louvre-Bastille qu'il concocte, et ne se fera pas grâce à Waterloo. Devenue le symbole de la perfection de l'art ogival, elle vient d'être parfaitement restaurée. Statue de Pascal qui y a dirigé ses expériences. Square Gérard de Nerval, très cosy.

<< p. 32 : Tour Saint Jacques and Théâtre Sarah Bernhardt from Quai de l'Horloge. The tower is all that remains of a church dedicated to St James of the Butchery, surviving since the reign of Louis XVI. The Revolution tried to recover the stones. Bonaparte wanted to demolish it because it spoilt the view from the Louvre towards Bastille. Waterloo saved this symbol of Gothic perfection, now fully restored. At its foot, on Square Gérard de Nerval, stands a statue of Pascal who did some experiments here.

Centre Pompidou. Juste avant le déluge ?
Non, vu d'un bassin de la rue du Renard, la perspective est trompeuse.

The Pompidou Centre, before the flood?
Actually just a misleading shot of Rue du Renard.

Saint-Gervais - Saint-Protais (1494-1657). Dans l'axe de son clocher unique, le Centre Pompidou et Montmartre : trois générations, la forme d'une ville pendant quatre siècles. Saint-Gervais, composite pour des raisons financières, comme toutes les églises parisiennes sauf Notre-Dame, a été éventrée par un obus de la Grosse Bertha pendant l'office de Pâques 1918 : 50 morts, 150 blessés.

Saint Gervais and Saint Protais church (1494-1657). Its single belfry lines up with the Beaubourg arts centre and Montmartre, spanning the city's growth over four centuries. For financial reasons Saint Gervais is a mixture of styles, much as all the churches in Paris except Notre Dame. It was gutted by a shell fired by Big Bertha during the service on Easter Sunday 1918, killing 50 and injuring 150 others.

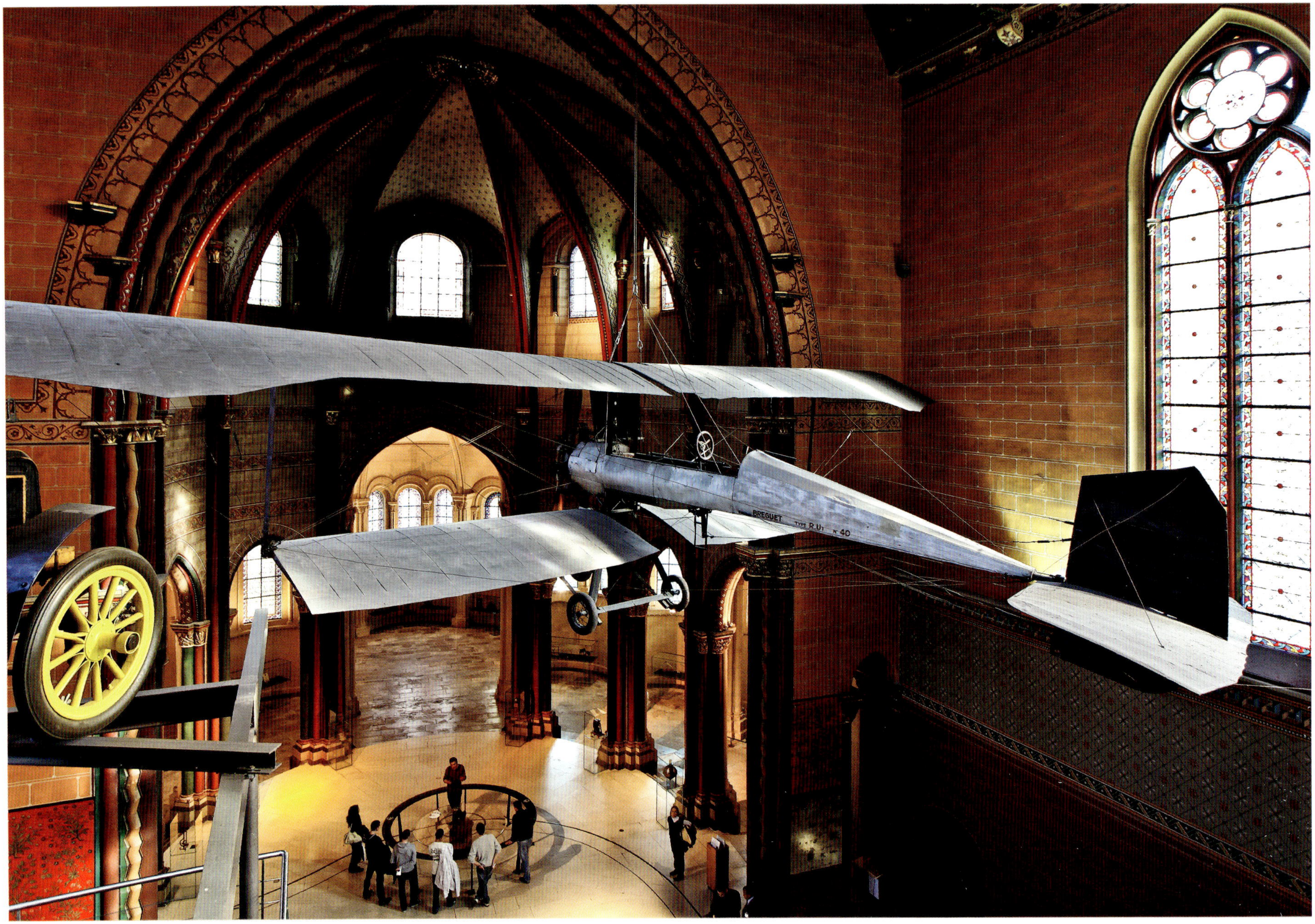

Musée des Arts et Métiers. Rue Réaumur. Biplan Bréguet RU 1 n° 40 à moteur V8 Renault de 60 ch de 1911.
Premier parcours : Casablanca-Fès sans escale en 1911 ; le constructeur Louis Bréguet est aux commandes.

Musée des Arts et Métiers, Rue Réaumur. Louis Bréguet's 1911 biplane with a 60-horsepower Renault V8 engine. Bréguet in person made the first non-stop flight from Casablanca to Fes, Morocco, in 1911.

Musée des Arts et Métiers. Le fameux avion 3 de Clément Ader, construit en 1897. Deux moteurs à vapeur ; les ailes se replient comme celles d'un oiseau. On ne saura jamais si cette «Chauve-souris» à vapeur a vraiment décollé. 10 ans de travail pour le restaurer.

Musée des Arts et Métiers. Clément Ader's famous Avion 3, built in 1897, with two steam engines. The wings folded up like a bird's. No one knows whether this steam-powered bat ever really took off. It took 10 years to restore.

Basilique de Saint-Denis.
Tombeau du jeune prince Robert II d'Artois, mort en 1317,
fils de la fameuse Mahaut d'Artois (*Les Rois maudits*).
Un des grands chefs-d'œuvre de la sculpture mosane du XIVe siècle.

Saint Denis basilica.
The tomb of the young prince Robert II of Artois (d. 1317)
is a masterpiece of 14th century Mosan sculpture, built by his mother,
Mahaut d'Artois, a key figure among the Accursed Kings.

Premier niveau du mausolée de Louis XII et d'Anne de Bretagne
qui fut deux fois reine de France.
Installé en 1531 par le sculpteur Jean Juste et sa famille.

Lower level of the tomb of Louis XII and Anne of Brittany,
twice queen of France.
The work of Jean Juste and his family, it was erected in 1531.

Louis XVI et Marie-Antoinette en prière (1819).

Louis XVI and Marie Antoinette in prayer (1819).

AU BONHEUR DES PRINCES

Du Marais à la Cité des Sciences

Cette échappée est d'autant plus remarquable qu'elle nous balade de l'un des quartiers les plus fameux, le Marais, à la Cité des sciences et de l'industrie, autre réalisation magistrale qui conclut au terme de quatre siècles de convulsions urbanistiques la croissance de la ville vers le nord-est.

La cité des princes est née de l'inconfort dans lequel ces malheureux seigneurs vivaient à Versailles, où le soleil ne brillait que pour le roi du même nom.

Logés sous les combles comme de la valetaille, les «grands» colonisèrent une zone facile à urbaniser, à trois pas de la Cité, centre historique, à deux de l'île Saint-Louis, lotie par décision du Grand Roi Henry.

Le mot «marais» ne doit pas vous abuser, il ne s'agit pas d'une zone méphitique gavée de roseaux. Un marais c'est un jardin, on dit d'ailleurs toujours un «maraîcher». Des jardins, donc pas de maisons. Des parcelles d'une belle étendue. Riches et nouveaux riches investirent en masse dans le quartier en quelques décennies, ce qui explique l'homogénéité des «palais» : des châteaux en ville. L'hôtel de Montmorency abritait huit cents personnes. Pour en savoir plus, il est bon de lire les fameuses lettres de Mme de Sévigné – née place des Vosges – qui a vécu près de trente ans dans cet hôtel Carnavalet qui raconte à lui tout seul cent cinquante ans de transformation.

Beaucoup plus tard, les hôtels furent dépecés, en même temps que les fortunes des princes, par des artisans et des ateliers. Cité des arts, le Marais devint une ruche. Les ors des Rohan, des Soubise, des La Rochefoucauld furent noircis à la suie… Puis habilement restaurés.

Mais ce n'est pas le seul trésor. Les Arts et Métiers, la place de la République, l'hôpital Saint-Louis, qui garde son allure imposée par Louis XIV, sont de beaux rendez-vous avant la Cité des Sciences et de l'Industrie, et celle de la musique qui va encore s'agrandir d'une salle de concert conçue par Jean Nouvel.

Une vraie cité où l'on peut passer des journées entières.

Une réussite totale dans ce qui fut un abattoir mégalomane.

FOR THE DELIGHT OF PRINCES

The Marais to the Villette science museum

This route is all the more remarkable because it takes us through one of the most famous districts, Le Marais, to the Villette science museum, a superb achievement which rounds off four centuries of troubled urban development in north-east Paris.

The Marais came into its own because of the cramped quarters available to the nobles at Versailles, where the sun only shone on the king of the same name.

The greatest and the good were housed like menials in the attics.

So they were quick to colonize this area, close to the historic centre and only a step away from Ile Saint-Louis.

The first building plots had been marked out following instructions by Henry IV.

The name may be misconstrued. Far from being a swamp full of reeds, 'marais' can also mean a garden – as in 'maraîcher' *(market gardener). But initially there no houses, just good sized plots.*

In a few decades old and new money invested the area, which explains the architectural harmony of their often palatial mansions.

The Hôtel de Montmorency could accommodate 800 people. If you wish to dig deeper, read the letters of Madame de Sévigné who lived here for almost 30 years, at Hôtel Carnavalet, which bears the imprint of at least 150 years of changes.

Much later the mansions were divided up, along with the fortunes of their princely occupants, to house artisans and workshops.

The Marais became a buzzing arts centre and the gilded ceilings of great names such as Rohan, Soubise or Rochefaucault were blackened with soot, then carefully restored.

Other treasures await you too.

The Arts et Métiers museum, Place de la République and Saint Louis hospital, which still boasts the design imposed by Louis XIV, are all well worth a visit before turning to the Cité des Sciences et de la Musique, soon to receive a concert hall designed by architect Jean Nouvel.

In what was once a sprawling abattoir, there is so much to see you can spend several days there.

<< p. 40 : Place des Vosges. Longtemps appelée place Royale, puisqu'elle est le fruit de la volonté d'Henri IV, elle fut inaugurée deux ans après sa mort : 1 300 cavaliers joutèrent devant 10 000 spectateurs. Elle porte, depuis la Révolution, le nom du département qui, le premier, a payé sans sourciller son impôt révolutionnaire.
Parfaitement équilibrée car elle est composée de 36 pavillons à quatre arcades.
Curieuse statue de Louis XIII bien cachée sous les arbres.
À visiter absolument : la maison de Victor Hugo devenu musée-temple hugolien.

<< p. 40 : Place des Vosges, known as Place Royale for many years.
Initiated by Henri IV and officially opened two years after his death,
with 1,300 knights jousting before 10,000 spectators.
After the Revolution the Vosges département *was the first to pay*
the revolutionary tax, earning it high distinction.
The square is beautifully balanced, with 36 units, each with four arcades.
An odd statue of Louis XIII is hidden by the trees.
Do not miss the home of Victor Hugo, now a museum.

Rue des Barres. Derrière le chevet de Saint-Gervais,
au niveau du petit square Couperin, la rue s'élargit en placette
occupée désormais par des guéridons accueillants, joliment fréquentés.
Le sanctuaire n'est plus une église paroissiale mais il est affecté
aux liturgies monastiques des Fraternités de Jérusalem qui tiennent aussi boutique.

Rue des Barres. Behind Saint Gervais church, on the little Square Couperin,
the street widens to accommodate well used benches.
The sanctuary is no longer a parish church,
but used by the Fraternity of Jerusalem, which also runs a shop.

Rue des Francs-Bourgeois, n° 40-42, hôtel Hérouet (Trésorier de France).
Angle de la rue Vieille-du-Temple. Sauvé par un érudit qui l'a acheté
juste avant la guerre de 1914-1918 pour le faire classer.
Débité en ateliers et boutiques, victime de la dernière bombe allemande du 26 août 1944,
échappé de justesse aux griffes des urbanistes qui ne jurent que par l'alignement.
Sa tourelle en encorbellement et ses entrelacs gothiques sont un témoignage unique.

*Rue des Francs Bourgeois, n°40-42, the Hérouet mansion (a former treasurer),
on the corner of Rue Vieille du Temple. It was saved by a scholar who bought it just before
the first world war. Subsequently divided up into workshops and shops,
hit by the last German bomb dropped on 26 August 1944,
its unique corbelled turret and Gothic ribbing narrowly escaped the planners,
eager to straighten out the street.*

Hôtel des archevêques de Sens, devenu bibliothèque Forney
grâce au legs dudit Forney, marchand et mécène.
Entrée au 2, rue du Figuier.
Un chef-d'œuvre du gothique tardif de la fin du XIVe siècle.
Consacrée aux arts plastiques.
Expositions temporaires d'une grande qualité.

*The home of the archbishops of Sens, which became a library thanks to the bequest of Mr Forney, a trader and patron of the arts.
The entrance is at 2 Rue du Figuier.
A late Gothic masterpiece from the end of the 14th century.
Excellent temporary art exhibitions.*

Hôtel Salé, rue Vieille-du-Temple, façade sur jardin, à l'ouest.
Entrée au 2, rue de Thorigny. Devenu musée Picasso en 1985 ; en travaux de rénovation. « Salé » est une appellation ironique donnée par le menu peuple puisque le premier propriétaire, un laquais parvenu, tenait la ferme du sel, autrement dit la gabelle honnie.
École au XIXe siècle, Balzac y a passé quelques années pénibles… pour ses professeurs. Le grand-père de Boris Vian y expose ses bronzes d'art.
La Ville veut en faire un musée de la mode jusqu'à ce qu'il soit affecté à la donation Picasso : 203 toiles, 160 sculptures, 29 tableaux reliefs, 107 céramiques, 1 500 dessins et 58 carnets.

*The Salé mansion on Rue Vieille du Temple, looking onto the garden, to the west.
Entrance at 2 Rue de Thorigny. Became the Musée Picasso in 1985, now under renovation till 2012. Salé, as in salty, is an ironic nickname.
The first owner made his fortune farming the hated* gabelle, *or salt tax.
A school in the 19th century, Balzac made his teachers' life a misery here for several years. Boris Vian's grandfather once exhibited his bronzes here.
The city council intended to turn it into a fashion museum till it received the Picasso bequest: 203 canvases, 160 sculptures, 29 reliefs, 107 ceramics, 1,500 drawings and 58 notebooks.*

Rue François-Miron. Une vraie boulangerie, Au Petit Versailles, ce qui est finement observé puisque le quartier du Marais était le petit Versailles des grands de ce monde qui se trouvaient mal logés chez Louis XIV. La rue est d'ailleurs remarquable.

Rue François Miron. A real baker's called Au Petit Versailles, an appropriate name as the Marais quarter was like a little Versailles for 17th century grandees poorly accommodated at the palace built by Louis XIV. The street itself is remarkable.

Rue des Francs-Bourgeois. Cette boulangerie s'est classée toute seule monument historique, on n'y trouve plus de la brioche, mais des vêtements branchés.

Rue des Francs Bourgeois. This baker's has turned into a historical monument, no longer selling bread or pastries, just fashionwear.

NGERIE 21
23 PATISSERIE
PARIS

Quai des Célestins. Un escadron de la Garde républicaine quitte sa caserne du boulevard Henri-IV et se dirige vers les Champs-Élysées où il va participer à une cérémonie officielle : l'accueil d'un chef d'État étranger. Cette unité compte près de 500 cavaliers.

Quai des Célestins. A squadron (almost 500 horsemen) of the Garde Républicaine emerges from its barracks on Boulevard Henri IV and heads for a ceremony on the Champs Elysées in honour of a visiting head of state.

Le canal Saint-Martin juste avant de devenir souterrain pour contourner la place de la République et resurgir à la Bastille en devenant le port de l'Arsenal. Ambiance *Hôtel du Nord*, tout le quartier renaît autour de ses deux quais.

Canal de l'Ourcq, before it slips underground to cross Place de la République. It reappears near the Bastille and enters Port de l'Arsenal. Stirred by retro nostalgia the whole neighbourhood now centres on the canal.

Bassin de la Villette. La triste mare vide est devenue un vrai port de plaisance, animé avec ses vieux gréements. Les usines en friche sont désormais des hôtels de charme. Les cinémas MK2 en font un rendez-vous culturel.

Bassin de la Villette. Once a dismal void, it is now a marina with a host of vintage vessels. The old factories have been turned into pleasant hotels and the MK2 cinema complex buzzes with cultural life.

La passerelle de la Petite Ceinture sur le canal de l'Ourq, appelée aussi le Pont craqueur, en raison des trains lourdement chargés qui faisaient vibrer toute la structure.

The footbridge on the Petite Ceinture rail link crossing Canal de l'Ourq, also known as the Cracker Bridge because heavy trains would shake the whole structure.

la criée
OKAY café
OKAY Restaurant
OKAY café

198, avenue Jean-Jaurès. Le dernier des irréductibles de la grande époque des abattoirs de La Villette, c'est Bellynck et fils. Ils vendent tout le matériel de cuisine et de découpe comme dans les années 60. Enseigne inoxydable, comme son voisin, le fameux restaurant Dagorno.

N°198 Avenue Jean Jaurès. Bellynck et Fils is almost all that remains of the heyday of La Villette abattoirs. They sell butchery and catering equipment just like in the 1960s, untouched by time, much as the famous Dagorno restaurant nearby.

Quai de Valmy, angle rue des Récollets.
Les immeubles décrépis laissent place à
des boutiques colorées, dedans et dehors.
Tout comme son symétrique, le quai de Jemmapes.
À deux pas de la gare de l'Est, le quartier est branché,
avec ses restaurants originaux et ses boutiques inattendues.
Le canal est désormais un rendez-vous.

*Quai de Valmy, on the corner of Rue de Récollets.
Flaking facades are giving way to colourful boutiques, in and out.
The same is true on its sister Quai de Jemmapes.
A step away from Gare de l'Est, the district throbs
with tempting eateries and unexpected shops.
The canal is now part of the scene.*

Antoine & Lili
Antoine & Lili
Antoine & Lili
Noctilien
Gare de l'Est

Cité des Sciences et de l'Industrie (1986). Entrée 30, avenue Corentin-Cariou.
Les usagers disent, pour faire plus court, « la Villette », car la Cité est composée de quatre cités : celle de la Musique – ci-dessus derrière la fontaine aux lions –, la Cité de la Santé, la Cité des Métiers et la Cité des Enfants. Nouvelle capitale de l'est, elle a intégré l'ancien théâtre et la Grande Halle des anciens abattoirs. Espace culturel et ludique.
On y apprend comment fonctionne le monde, on va d'un concert à l'autre, au Cabaret sauvage, au Zénith ou au Conservatoire national supérieur de la danse et de la musique.

Cité des Sciences et de l'Industrie (1986). The entrance is at 30 Avenue Corentin-Cariou. Commonly known as La Villette, the Cité consists of four centres devoted to music – visible here behind the fountain – healthcare, craft trades and childhood.
It aims to be the new focal point of eastern Paris. It includes the old theatre and Grande Halle, once home to the slaughter house, but now an arts and leisure centre.
Here you can learn how the world works, flit from one concert to the next, at the Cabaret Sauvage, the Zénith or the Conservatoire of dance and music.

Cité des Sciences... un monde nouveau sur quatre niveaux qui attire plus de 7 millions de visiteurs par an. Non pas de la science-fiction, mais des sciences qu'on approche au quotidien. Vue de la Géode.

Cité des Sciences. A new world on four floors, attracting more than 7 million visitors a year. No science fiction here but everyday science. View from the Géode.

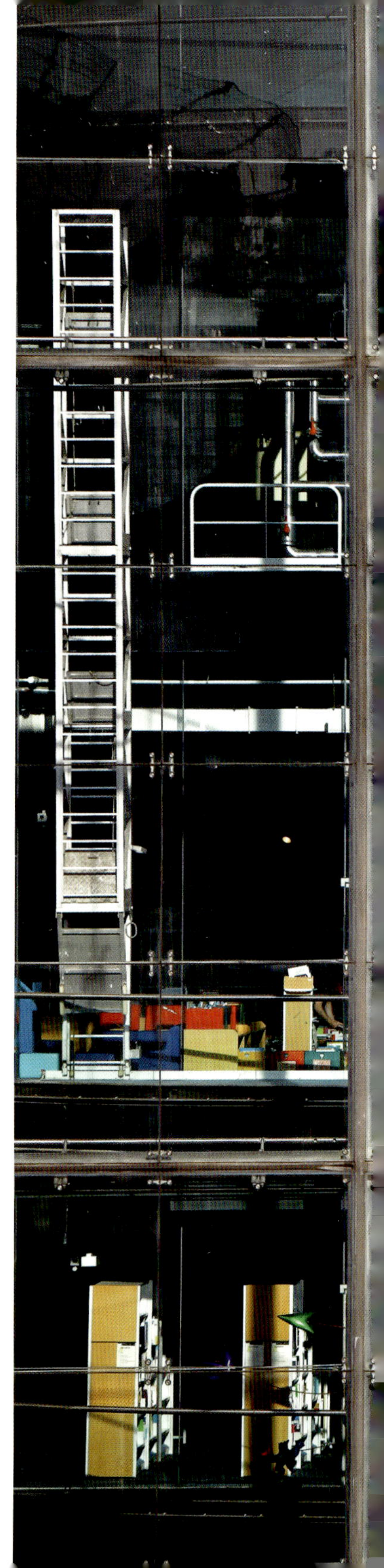

La Géode. Inaugurée le 6 mai 1985. C'est la représentation du globe terrestre : 26 mètres de diamètre. La plus belle salle de cinéma de France avec son écran hémisphérique : 1 000 m². Composée de 6 433 triangles sphériques équilatéraux. Coût en proportion : 20 millions d'euros.

La Géode. Opened on 6 May 1985, 26 metres in diameter, it represents the globe and contains France's finest cinema with a hemispherical, 1,000 square metre screen. The outside consists of 6,433 curved equilateral triangles, which explains its cost: 20 million euros.

Cité des Sciences, totalement incluse dans la ville, débordant optiquement et psychologiquement au-delà du périphérique. Source de renouveau. De l'autre côté, vers l'est et Pantin, une grande banque suit l'exemple et transforme les anciens moulins en bureaux modernes tout en gardant l'allure des années 20.

Cité des Sciences, completely integrated in the city but radiating urban renewal to hearts and minds beyond the ringroad. On the eastern side, towards Pantin, a large bank is following its example, converting a former flour-mill into modern offices without sacrificing the 1920s style.

LE COFFRE FORT DES TEMPLIERS

Du Temple à Belleville

Le mot évoque un parfum épicé de roman historique, à la façon des *Rois maudits*, et rappelle une légende tenace mais qui fut pourtant une réalité : les moines soldats veillaient sur l'or du roi. De la forteresse du Temple, qui a longtemps gardé son nom bien après la suppression de l'ordre par Philippe le Bel, ne reste que le nom miniaturisé : le carreau du Temple. Haut lieu pendant des décennies de la fripe à bon marché, dans sa halle cent pour cent fer, le carreau est en train de se faire une beauté très XXIe siècle. Mais l'or n'est pas très loin, il est passé des coffres des usuriers de Jacques de Molay à ceux de la Banque de France. La rue de La Vrillière a remplacé courtines et hautes tours mais la porte est toujours aussi blindée : seule la raison sociale a changé. Le coffre-fort prison, où furent enfermés Louis XVI et sa famille, a été démoli aussi sûrement que la Bastille.
Les symboles sont fragiles et sensibles à la pioche !
Le quartier, qui a abrité plusieurs cours des Miracles, est resté l'un des plus vivants de Paris. Un des moins «calibrés», puisque l'on passe de l'espace artificiel de la place de la République, qui sera bientôt réaménagée, aux hauteurs de Belleville.
Belleville ne ressemble plus aux pages sombres des romans d'Eugène Sue, mais c'est un balcon incomparable sur Paris, sur lequel il ne faut surtout pas hésiter à grimper, ne serait-ce que pour aborder par l'est le parc des Buttes-Chaumont. Belleville et Ménilmontant, c'est Piaf – qui a son délicieux petit musée «familial» – et Maurice Chevalier. C'est le pays des révoltes populaires mais aussi des cabarets puisque, hors les murs de Paris, la piquette y était moins chère. Le mot guinguette y naîtra. De même que «ramponeau», autrement dit ces torgnoles que se balançaient les buveurs hébergés à la Courtille, chez le sieur Ramponeau, c'était son vrai nom. Les rues Jean-Pierre Timbaud, de Meaux et Oberkampf revivifient cette tradition. Toujours tonique, mais branchée. Le vrai Paris.

THE TEMPLARS' TREASURE TROVE

The Temple to Belleville

The name conjures up the mystery of the past, with knights in armour and hidden riches, a persistent legend based on a very real story. The order of the Knights Templar guarded the king's treasure. All that remains of the Temple fortress, which kept its name for years after Philip the Fair disbanded the order, is today's Carreau du Temple. After several decades as a cheap clothes market, protected from the elements by a steel and glass canopy, it is turning over a new and distinctly modern leaf.
But the gold is not far off, having moved from the coffers of the money-lenders and the order's last grand master Jacques de Molay to the vaults of the Bank of France. Rue de la Vrillière has replaced the curtain walls and watchtowers, but the gateway is just as well protected. Only the name has changed. The treasury-cum-prison, where Louis XVI and his family were locked up, has been demolished just like the Bastille. Symbols are fragile and sensitive to pick-axes.
The neighbourhood had several distinctly unsavoury bits but is still one of the liveliest parts of Paris, not having suffered much from recent redevelopment. From the artificial expanse of Place de la République, soon to be reorganized like the covered market and pedestrianized, we move straight on to the hills of Belleville.
This area, which no longer bears much resemblance to the gloom depicted by novelist Eugène Sue, commands a magnificent view of the capital. It is definitely worth the detour, if only to reach the Buttes-Chaumont gardens from the east. Belleville and Ménilmontant are closely linked with the singers Edith Piaf and Maurice Chevalier (there is even a privately owned museum in her honour). This was a centre of popular unrest too, with countless bars, the wine being cheaper outside the walls of Paris. Indeed the first guinguettes *opened here. The festive tradition continues in several streets – Rue Jean-Pierre Timbaud, Rue de Meaux and Rue Oberkampf – for a refreshing breath of real Paris.*

MDCCCLIV
BANQUE DE FRANCE
RF

<< p. 58 : Parc des Buttes-Chaumont. Le temple d'amour domine (30 m) des miroirs d'eau dans un bruissement liquide. Référence pour les amoureux qui prêtent serment. Lieu commun de dizaines de films. Chaumont, c'est le propriétaire des carrières de gypse qu'Alphand, l'âme damnée du baron Haussmann, transforme en jardin à l'italienne. Le trésor de l'arrondissement.

<< p. 58 : Parc des Buttes Chaumont. The temple of love stares down (30m) on its reflection in the water. A must for trysting lovers, it has featured in dozens of films. Chaumont, owned the gypsum quarries which Alphand – Baron Haussmann's evil genius – turned into an Italian-style park, thus transforming the area.

Rue de la Vrillière , n° 1, près de la place des Victoires. La Banque de France, la vraie, la maison mère, est installée dans cet ancien hôtel particulier construit par Mansart en 1635 et acheté en 1713 par un bâtard légitimé de Louis XIV, le comte de Toulouse. La Banque de France possède un joyau inaccessible : la Galerie dorée (50 m sur 7 m) qui a servi de modèle aux galeries de Versailles, de l'hôtel Lambert et du Louvre.

Rue de la Vrillière, n° 1, near Place des Victoires. The real headquarters of the Bank of France occupies this private mansion, built by Mansart in 1635, bought in 1713 by the Count of Toulouse, a legitimized bastard son of Louis XIV. The building contains an inaccessible treasure, the Galerie Dorée (50m x 7m) taken as a model for the galleries at Versailles, Hôtel Lambert and the Louvre.

Rue Dupetit-Thouars, près du carreau du Temple. L'école maternelle Paul-Dubois recèle des surprises comme celle-ci : un œil de bœuf protégé par un auvent, très Art nouveau, monté sur une trompe de briques.

Rue Dupetit-Thouars, near the Carreau du Temple. The Paul Dubois infant school holds surprises such as this very Art nouveau *bulls eye window sheltered by a canopy and supported by a brick squinch.*

Carreau du Temple. Pendant des siècles, les fripiers ont proposé leur camelote dans ce qui reste de l'enclos des Templiers. En 1863, les quatre hangars de bois sont remplacés par six pavillons de fonte sur le modèle des Halles. Dans les années cinquante, ils sont encore un millier à vendre des fripes. Le dernier pavillon en cours de restauration sera culturel et multifonction : 45 millions d'euros sont engagés.

Carreau du Temple. For centuries second-hand clothes dealers have been selling their wares in the remains of the Templar stronghold. In 1863 four wooden barns were replaced by six steel pavilions inspired by Les Halles. In the 1950s there were still about 1,000 rag merchants. The last structure is being restored to serve as a multi-purpose arts centre. It will cost €45m and is due to open in 2013.

La rue Saint-Blaise, montant vers l'église Saint-Germain de Charonne. Un village à redécouvrir dans le XXe arrondissement. L'église joliment malmenée par l'histoire a gardé son cimetière, c'est la seule avec Saint-Pierre de Montmartre. La plus belle tombe est une supercherie : elle représente le « secrétaire de Robespierre », mais ce François Magloire était seulement peintre en bâtiment.

Rue Saint Blaise, climbing towards Saint Germain de Charonne church: a whole village to explore in the 20th arrondissement. The church, ill used by history, has retained its cemetery, the only one with St Pierre de Montmartre. The finest grave is a cheat, claiming to contain Robespierre's secretary, but François Magloire was no more than a house painter.

Place Édith-Piaf, près de la porte de Bagnolet. Médaillon installé sur son monument le long de la rue Belgrand. Un bistrot, à deux pas, lui est dédié. Accordéon garanti.

Place Édith Piaf, near Porte de Bagnolet.
A medallion on a monument on Rue Belgrand.
A nearby bar, where accordion music plays on, bears her name.

Père-Lachaise. Le gisant de Victor Noir, jeune journaliste assassiné d'un coup de pistolet par un cousin de Napoléon III, Pierre Bonaparte, le 10 janvier 1870. Les funérailles de Victor Noir faillirent déclencher une révolution. Sa dépouille est seulement transférée au Père-Lachaise en 1891 et Jules Dalou célèbre la victime avec un « réalisme dénué de tout ornement », y compris une virilité évidente qui attire la main superstitieuse de nombreuses touristes : le bronze luit dans l'ombre.

Père Lachaise. The tomb of Victor Noir, a young journalist shot dead by Pierre Bonaparte, a cousin of Napoleon III, on 10 January 1870. His funeral nearly triggered a revolution. His remains were transferred to Père Lachaise in 1891 and Jules Dalou celebrated the victim with a "realism stripped of all adornment", including undisguised virility which has attracted the superstitious hands of many visitors. The bronze shines in the dark.

PAR ORDRE DU ROI

De l'île Saint-Louis au château de Vincennes

Depuis Clovis, qui adorait ce petit village gaulois devenu franc, ce sont les rois qui ont fait la ville. Louis XIV a dit « l'État c'est moi », il aurait pu dire, comme ses ancêtres, « Paris, c'est moi ». Philippe Auguste et Charles V ont édifié chacun une enceinte dont on peut encore caresser quelques blocs dans le sous-sol du Louvre. Et si Villon a pu écrire « il n'est bon bec que de Paris », c'est parce que c'était l'opinion générale. Le journaliste-historien allemand Friedrich Sieburg, qui a résumé le sens de son livre *Dieu est-il français ?* dans la formule « heureux comme Dieu en France », aurait pu dire « heureux comme un Parisien à Paris ».

En quelques siècles, ce centre de batellerie passera de quelques milliers à trois millions d'habitants (chiffre du recensement de 1898).

Et aujourd'hui, vingt-sept millions de touristes participent à cet engouement…

Henri IV, le premier Bourbon, a continué l'œuvre des derniers Valois, épuisés, avec son énergie coutumière. Il menait ses plans d'urbanisme comme ses plans de bataille, à coups d'estoc. Pour inventer l'île Saint-Louis, il a rasé ou déménagé quelques îles qui étaient autant d'écueils pour les mariniers. Pour la place Royale – aujourd'hui place des Vosges –, la plus grande de son temps en Europe, il fait place… nette. Le roi décide. Tout comme Louis IX avait décidé de faire du château de Vincennes sa vraie retraite, et son coffre-fort. L'ensemble château, donjon et chapelle – cette dernière copiée sur la Sainte-Chapelle – vient d'être restauré.

Le domaine le plus à l'est du Paris royal retrouve sa splendeur et son sens politique. Entre l'île et le château, ce n'est pas le territoire du vide. La place de la Bastille et son quartier festif, le Père-Lachaise et sa prodigieuse collection de sculptures, la rue Saint-Antoine, qui participe au renouveau de ces quartiers, sont des escales que l'on peut prolonger à loisir.

La route du roi est désormais doublée par une route républicaine qui, à partir du viaduc des Arts et ses cinquante-quatre artisans de haute lignée, conduit, dans la verdure, au bois de Vincennes par un chemin de traverse, « promenade plantée » de près de 5 kilomètres, profitant habilement d'une voie ferrée enfin désaffectée. Tous les chemins mènent à Vincennes, jardin du roi.

BY ORDER OF THE KING

Ile Saint Louis to Château de Vincennes

Ever since the days of Clovis, who loved the formerly Gallic then Frankish village, kings have played a key part here. When Louis XIV said 'L'Etat, c'est moi', he could have said the same for Paris. Philip II and Charles V both raised walls around the city, bits of which are still visible in the basement of the Louvre. The poet François Villon once wrote, 'Il n'est bon bec que de Paris', confirming a popular view that Parisians were fine talkers.

The Germans have a saying, 'Wie Gott in Frankreich' (like God in France), which expresses a sense of supreme wellbeing, but they might equally well say 'Like a Parisian in Paris'. In just a few centuries the population of this centre of riverside trading grew from a few thousand to three million (1898 census).

Nowadays some 27 million tourists join the fun every year.

Henri IV, the first Bourbon king, carried on the work of the exhausted Valois dynasty with his customary drive, treating urban development as another form of warfare. Having decided to create Ile Saint-Louis, he had several islets flattened or moved, making life much easier for the bargemen. To build Place Royale – now Place des Vosges and the largest square of its day in Europe – he had the whole area cleared. It was always the king who decided, much as his predecessor, Louis IX, who chose Vincennes fortress as his stronghold and located his treasure there.

The defences and chapel, a copy of the Sainte Chapelle, have just been restored, so now the most easterly part of the royal domain in Paris has recovered its former splendour and its political significance.

There is plenty to see on your way between the island and the castle: Place de la Bastille, with its nightlife, Père Lachaise cemetery and its stunning collection of sculptures, and Rue Saint Antoine which is a driving force in the rebirth of surrounding neighbourhoods.

The royal thoroughfare now has a republican sister which starts on Viaduc des Arts, with its 54 top-notch artisans, and takes us to the greenery of the Vincennes woods. This green swathe is almost five kilometres long, cunningly built on a former railway track, proving that all roads lead to Vincennes and the king's garden.

<< p. 66 : Quai d'Orléans. Le dernier rayon d'un soleil de printemps « allume » l'arc-boutant alors que les façades Louis XIV brillent de mille feux à la proue de l'île Saint-Louis, le quartier de Paris le plus homogène et pourtant le plus varié.

<< p. 66 : Quai d'Orléans. A final ray of sun lights up the flying buttress. The 17th century facades glow brightly at the tip of île Saint Louis, the part of Paris that displays the greatest architectural harmony and yet the most variety.

Bastille. La colonne de Juillet et son « génie ». La place a été créée en 1803 sur les ruines de la célèbre prison-forteresse. La colonne a été prescrite, par une loi de 1830, à la mémoire des citoyens tués par les troupes de Charles X lors des Trois Glorieuses. Sous la colonne, un ossuaire enferme les restes des victimes de 1830… et de février 1848 ! Elle remplace l'éléphant et sa fontaine prévus par l'obstiné architecte Alavoine qui dessina sept projets tous plus ahurissants les unes que les autres. Le « génie » représente *« la liberté qui s'envole en brisant des fers et en semant la lumière »*.

Bastille. The July column and its genie. The square was built in 1803 on the ruins of the famous prison. The column was commissioned by law in 1830 to commemorate those killed by royal troops during the July Revolution. A vault below the column contains the remains of the victims of 1830 and February 1848. It took the place of an elephant and fountain designed by an obstinate architect named Alavoine who produced seven projects, each more absurd than the previous ones. The figure represents Liberty casting off her shackles to take flight and cast new light.

Gare de Lyon, vue de la rive gauche. La tour de l'Horloge (63 m) de la gare et ses quatre cadrans, dont la grande aiguille mesure 4 m, redonnent l'heure exacte depuis 2005. Typique du Second Empire triomphant : 1863. Elle est coincée entre des tours giscardiennes qui abritent de grandes entreprises, et un des quatre immeubles d'un îlot préservé de la rue Traversière, où logent encore quelques dizaines d'habitants cernés par la modernité.

Gare de Lyon, from the Left Bank. The clock on the station's bell-tower (63m) has four faces and each big hand is four metres long. It has kept time since 2005. Built in 1863 it is typical of the jingoistic Second Empire. Here it is sandwiched between two 1970s corporate tower blocks and one of four buildings on a block that has survived on Rue Traversière, home to several dozen people hemmed in by modernity.

Quai d'Anjou. Les escaliers sont confortables pour les touristes. Aires de pique-nique, poste d'observation, salon de lecture. La Seine domestiquée est un quartier original à elle seule.

Quai d'Anjou. The steps are handy for tourists, a good spot for picnics, watching goings on or just reading. The Seine, thus domesticated, is an original neighbourhood in itself.

Quai de Bourbon, à l'angle du pont Louis-Philippe.
Les murs ont presque la parole : une équipe de jeunes graphistes entièrement sponsorisés a collé d'immenses photos sur les pierres et les parements. Pharaonique mais précaire, l'image n'a pas passé l'hiver.

*Quai de Bourbon, at the junction with Pont Louis-Philippe.
The walls can almost talk: a team of fully sponsored designers pasted huge photographs on the masonry. An extravagant but precarious venture which did not survive the winter.*

Avenue Daumesnil, angle de la rue de Rambouillet. Cet immeuble étonnant est couronné par un admirateur fanatique de Michel-Ange qui a fait sculpter douze fois le buste de l'*Esclave mourant* dont l'original (inachevé), destiné au tombeau du pape Jules II à Florence, est au Louvre ! Occupé au rez-de-chaussée par le commissariat de police du XIIe arrondissement.

Avenue Daumesnil, on the corner of Rue de Rambouillet. A fanatical admirer of Michelangelo had this astonishing building capped with 12 copies of the bust of the Dying Slave. The (unfinished) original intended for the tomb of Pope Julius II in Florence, is at the Louvre. The groundfloor of this structure houses the police station for the 12th arrondissement.

La promenade plantée. Avenue Daumesnil. 4,5 km. En suivant le trajet de l'ancien chemin de fer de la Bastille, elle se dirige vers l'est de Paris et le bois de Vincennes, jusqu'à la porte de Montempoivre. Enjambant les anciennes rues, empruntant les tunnels décorés, elle permet au piéton une vraie promenade, en toute sécurité car elle domine souvent le flux des voitures, ou elle les ignore. C'est la meilleure façon de découvrir le XIIe arrondissement.

The Green Swathe. Avenue Daumesnil. A disused railway track, 4.5 km long, runs east from the Bastille to Porte Montempoivre, near Bois de Vincennes. Crossing old streets and passing through decorated tunnels it enables you to go for a real walk, in complete safety, overlooking or completely ignoring the traffic. Much the best way to explore the 12th arrondissement.

La promenade plantée. Conçue par Patrick Berger.
Elle aurait dû s'appeler la coulée verte, nom que certains lui donnent encore, mais une coulée verte existe déjà en banlieue sud.
La section des pergolas donne l'illusion d'un jardin suspendu.
Décidée en 1987, elle a été ouverte en 2000.

The Green Swathe was designed by Patrick Berger.
It should have been called 'la coulée verte' *– and some people still use the term – but one already exists in the southern suburbs.*
This stretch of pergola creates the illusion of a hanging garden.
Initiated in 1987, it opened in 2000.

Le viaduc des Arts : 1,5 km.
Restauré en 1992 : les 60 arches de briques ont été fermées et protégées par de grandes vitres.
Les artisans travaillent et exposent de véritables œuvres d'art, mais certains ne restent que quelques mois ; les expositions changent donc souvent.

Viaduc des Arts is 1.5 km long and was restored in 1992.
Its 60 brickwork arches were closed and protected with sheets of glass.
The artisans produce and exhibit genuine works of art, but some only stay for a few months, so the exhibits often change.

101

Château de Vincennes. Le donjon est le plus haut d'Europe : 53 m. L'enceinte du château, renforcée par neuf tours dont la plus haute atteint 43 m fait près d'un kilomètre ! L'ensemble reste la résidence de prédilection des rois de France pendant quatre siècles. Les Capétiens le préfèrent au Louvre, sombre et enclavé. Ce qui est aujourd'hui le bois de Vincennes est alors clôturé d'un mur continu : c'est la forêt du roi. Charles V s'y plaît énormément et y transfère son trésor et l'essentiel de son administration : Vincennes devient le centre névralgique du royaume.

Château de Vincennes. It has the highest (53m) keep in Europe. The walls, which are almost a kilometre long, are watched by nine towers of which the tallest is 43 metres high. For four centuries the castle was the favourite home of French kings. The Capetians liked it better than the gloomy, inaccessible Louvre. Today's Bois de Vincennes was surrounded by a wall and set aside for the king. Charles V loved the place and moved his treasury and most of his staff here, making Vincennes the kingdom's nerve centre.

Château de Vincennes. La sainte chapelle (1379), légèrement plus grande que son modèle du Palais dans l'île de la Cité, est un clone habilement réalisé, un acte « qui clôture ainsi son projet architectural ». La galerie sur arcades, au premier plan, élevée par Le Vau pour Louis XIV qui s'y est réfugié au temps de la Fronde, termine à l'ouest les embellissements. Menacé de destruction, le château est sauvé par l'installation de l'arsenal, puis des archives historiques des armées de terre, air et mer. Il est entièrement rénové depuis 2009.

Château de Vincennes. The Sainte Chapelle (1379) is slightly bigger than the original on île de la Cité but otherwise a well executed clone, rounding off the castle's overall design. The arched gallery in the foreground marks the western extremity of the embellishments. It was built by Le Vau for Louis XIV who took refuge here during the Fronde. Under threat of demolition the castle was saved by the arrival of an arms depot, followed by the archives of the army, navy and air force. Renovation work was completed in 2009.

LA SEINE EN MAJESTÉ

Du confluent de la Marne aux méandres de Saint-Cloud

« Majesté », il n'y a pas d'autre mot pour désigner ce fleuve, bijou niellé dans la ville, de la jonction avec la Marne jusqu'aux méandres de Saint-Cloud où elle retrouve le bois de Boulogne, cet autre jardin de Paris. À Montereau, la Seine récupère habilement les eaux de l'Yonne qui sont plus abondantes que les siennes et, dès qu'elle rejoint Maisons-Alfort, elle cannibalise la Marne.

Ainsi dopée, elle devient le fleuve des Parisiens. Le temps est loin où les riverains la traversaient à pied pendant les basses eaux d'été.

Canalisée, sûre de sa force, elle est le fossé d'un château nommé Paris.

Trente-sept ponts dessinent une voie supplémentaire, l'obstacle est devenu un jeu de piste : on passe d'une rive à l'autre facilement pour changer de perspective.

De nouvelles passerelles, comme la passerelle Simone-de-Beauvoir complète cette perspective sans pareille : on marche sur le fleuve. Et, quand fatigué de marcher, des dizaines de bateaux descendent et remontent le cours de l'histoire.

Nulle part une telle densité de monuments, de sites et de lieux : ce n'est plus une superproduction, c'est « le » film de Paris. Vous faites partie du casting.

Ni temps faibles, ni temps morts, tout est essentiel, le moindre détail prend un sens.

Puisque vous avez choisi de partir de Bercy, capitale du vin qui a su garder sa cour Saint-Émilion, ses jardins intimes et fleuris, vous entrez dans le siècle tout neuf, à Tolbiac.

Les rives, naguère tellement séparées qu'elles paraissaient être hostiles, prennent la mesure de leur dénominateur commun, la Seine. C'est un quartier nouveau, dans l'est parisien longtemps abandonné à ses friches, justement appelé Paris-Bercy.

Les quais sont de nouveaux habités par des restaurants, des bars.

Et la vie ne cesse de s'écouler avec le flux désormais paisible qui nourrit, c'est une nouveauté, plus de quarante espèces de poissons. Si ce n'est pas la « piscine » annoncée par un président optimiste, c'est un miroir entre deux mondes, aux reflets mordorés, martelés par les vagues des étraves qui se multiplient.

On admire cette capacité à contourner les îles pour laisser le choix ou donner des

MAJESTIC SEINE

The junction with the Marne to the meanders of Saint Cloud

No other word is good enough to address the river. Only 'Majesty' will do for this jewel adorning the city, running from its meeting with the Marne to Saint Cloud and Bois de Boulogne, another Paris park. The Seine cleverly takes the water of the Yonne, more abundant than its own, at Montereau, then plays the same trick on the mighty Marne at Maisons-Alfort.

Thus reinforced it can face the Parisians. Long ago it could be forded on foot in the dry summer months, but channelled and contained, sure of its strength, it now forms a moat for the castle of Paris.

Thirty-seven bridges offer an alternative route, the obstacle having become a source of fun, as we move from one side to the other for a change of perspective.

New footbridges – such as the one name after Simone de Beauvoir – complete the picture. It is almost like walking on the water. And should you tire of walking, countless vessels go up and down.

Few places offer so many historic buildings and sights in one place. More than just another blockbuster, this is the *Paris film and you are part of the cast.*

No dull moments, no blind spots, it is all essential, even the tiniest detail being significant. Should you opt to start from Bercy, an area once home to Paris' vintners and still blessed with a Cour Saint Emilion, you will enter a new era, between the Tolbiac neighbourhood and a series of friendly gardens.

The two banks, once so separate as to appear hostile, are gradually realising the full potential of their common denominator, the river itself.

Here is the new eastern quarter of Paris-Bercy, long ignored as an industrial wasteland. The embankments once again bustle with bars and restaurants, and life flows on with the peaceful stream, home, according to the latest count, to no fewer than 40 species of fish. It may not yet be the swimming pool announced by an optimistic president, but its surface mirrors the world on either side, only disturbed by the wake of increasingly frequent river traffic.

It is remarkable how a river finds its way round islands, offering a choice, prompting

regrets : le cœur de Paris est un archipel. Un projet récent va donner encore plus de latitude pour choisir.
Les berges vont s'agrandir, sans installations pharaoniques, augmentant la jouissance du fleuve sans modifier son mode de vie. Une autre Seine, elle qui n'a jamais eu de parcours immuable, va encore nous étonner.
Tout en restant fidèle à la précision historique : de l'Institut du monde arabe, sur le territoire de la fameuse abbaye de Saint-Victor, à la Conciergerie, place forte des Capétiens, jusqu'à la tour Eiffel, exemple parfait de ce provisoire si décrié et qui est devenu un des organes essentiels de la capitale.
La Seine donne son vrai visage au Petit et au Grand Palais et propose une perspective incomparable sur les Invalides de Louis XIV – toujours par ordre du roi… Puisque nous gravirons la colline de Chaillot, plus tard par « le chemin des écoliers », il faut donc laisser le Trocadéro. Mais, sur ce qui fut longtemps un indigne terrain vague, le musée Branly, à la fois discret et munificent, relance le plaisir.
Paris se métamorphose toujours…
On ne voit jamais deux fois la même ville.

regrets. Central Paris is actually an archipelago.
A recent project will offer even more scope for choice. The embankments are to be enlarged but without any gigantic structures, simply to enhance our access to the river without changing its overall mood.
The Seine, never set in its ways, will once again surprise us.
But it will remain true to its historic past: from the Arab World Institute, in the grounds of the Abbey of Saint-Victor, past the Capetian stronghold at the Conciergerie and on to the Eiffel tower, a perfect example of a much derided temporary structure which ultimately became an essential part of the capital.
It is from the river that we get the best view of the Petit and Grand Palais, not to mention Les Invalides, commissioned by Louis XIV, once more by order of the king. We could mention the Trocadéro too but it is the subject of another chapter, so we shall concentrate on the discreet but marvellous Musée du Quai Branly, bringing new pleasures to what was once a gloomy wasteland.
Paris is constantly changing.
One never sees the same city twice.

<< p. 78 : La Seine. Vue des terrasses de Chaillot, en remontant le cours du fleuve vers l'est, la passerelle Debilly, le pont de l'Alma, le pont Alexandre-III, le pont des Invalides, le pont de la Concorde.

<< p. 78 : The Seine, from the Chaillot slopes, looking east up the river with a succession of road, rail and foot bridges – Debilly, Alma, Alexandre III, Invalides and Concorde.

Bercy, le ministère des Finances : 370 m de long dont 73 au-dessus de la Seine. La porte principale est aménagée dans un ancien octroi ! La décision d'abandonner les bureaux installés dans le Louvre a été prise en 1982. L'installation à Bercy date seulement de 1989. La partie réservée au ministre est une sorte de pont dont la première pile s'enfonce dans la Seine. Conçu comme « la porte monumentale qui manque à l'est de Paris ». Architectes, Paul Chemetov et Borja Huidobro.

Bercy. The Finance Ministry is 370 metres long, with a 73-metre section reaching out over the river. The main entrance is an old toll gate. It was decided to give up the offices at the Louvre in 1982 but the move to Bercy did not happen till 1989. The part set aside for the minister is a sort of bridge, with piers plunging down into the Seine. It was designed by the architects Paul Chemetov and Borja Huidobro as the 'monumental gateway eastern Paris lacks'.

Bibliothèque François-Mitterrand et passerelle Simone-de-Beauvoir. Celle-ci est le 37e pont de Paris et est réservée aux piétons et cyclistes. Inaugurée le 13 juillet 2006. La pièce centrale est une lentille en acier de 650 tonnes et de 106 mètres de longueur. Longueur totale : 304 m en cinq travées sans aucun appui dans l'eau.

Named after Simone de Beauvoir and leading to the François Mitterrand library, this is the 37th bridge in Paris, for pedestrians and cyclists only. It was opened on 13 July 2006. The steel central span is 106 metres long and weighs 650 tonnes. In all it has five suspended sections, extending 304 metres.

La bibliothèque parfois nommée TGB, « très grande bibliothèque ». 11, quai François-Mauriac. Ses quatre tours de 79 m, qui se veulent des livres ouverts, portent toutes des noms : tour des Temps, tour des Lois, tour des Nombres, tour des Lettres. Se veut la plus grande bibliothèque du monde. 250 000 m^2 de salles de lecture, 480 000 ouvrages disponibles, 100 000 ouvrages numérisés. Le site occupe 7,5 hectares. Architecte Dominique Perrault.

France's National Library at 11 Quai François Mauriac, aka TGB or très grande bibliothèque. *Designed by Dominique Perrault, its four 79-metre towers, supposed to look like open books, each have names: time, laws, numbers and letters. Purportedly the world's largest library, with 250,000 square metres of reading rooms, 480,000 works to consult and a further 100,000 online, it occupies 7.5 hectares.*

Rue Chanoinesse : les deux tours de Notre-Dame émergent des toits de Paris.
Au temps de Quasimodo, c'est la rue qui prolonge le cloître des chanoines.
Elle garde de très beaux hôtels et mérite un détour.

*Rue Chanoinesse. The twin towers of Notre Dame rise above the roofs of Paris.
In the days of Quasimodo this street was an extension of the canons' cloister.
Worth a visit for its fine mansions.*

Notre-Dame de Paris, le portail central (1163). Cet équilibre parfait servira de modèle. Les deux tours symétriques, c'est rare, montent à 79 m. Une création de l'évêque Maurice de Sully qui dirige les travaux pendant 33 ans. Construite rapidement, la cathédrale est donc homogène, c'est le premier chef-d'œuvre de l'art gothique même si le style roman est encore très présent. La façade est un album de sculptures unique, sauvé des sans-culottes par le 9 Thermidor. C'est donc à Robespierre que l'on coupe la tête et non aux 28 rois de Juda que le peuple prenait pour les rois de France. La flèche, imposée par Viollet-le-Duc, s'élève à 96 mètres et pèse 75 tonnes.

Notre Dame de Paris, the main door (1163). Its perfect balance became a reference. The unusual symmetrical twin towers are 79 metres high. Bishop Maurice de Sully, who launched the project, supervised work on the cathedral for 33 years. Construction was swift and all of a piece, making it the first Gothic masterpiece, despite manifest Romanesque influence. The front boasts a unique collection of sculptures, saved from revolutionary fury by the Thermidorian reaction. So Robespierre got the chop, not the 28 kings of Judah which the mob took for French royalty. The spire, imposed by Viollet le Duc, is 96 metres high and weighs 75 tonnes.

L'Hôtel de Ville et son parvis.
Commencé en 1531 par François Ier, continué en 1606 par Henri IV.
Reconstruit à l'identique après l'incendie de mars 1871 par les derniers communards, c'est un témoignage « théorique » d'une architecture de la Renaissance qui sera largement travaillée et complétée par la foule des statues des grands hommes : 284 célébrités dans des niches. Haussmann rase toutes les petites rues en 1853 et quadruple la surface. Le parvis a retrouvé son rôle festif et ludique qu'il avait quand l'espace s'appelait place de Grève.

Paris Town Hall and its forecourt. Work started in 1531 under François I and was continued by Henri IV in 1606. The last Communards set fire to the place in March 1871, but an identical replica was rebuilt. Though theoretically a tribute to Renaissance architecture it was much 'improved' with statues of great men – some 284 celebrities – in the niches. Haussmann demolished all the narrow streets in 1853, enlarging the square fourfold. It thus regained the role as a centre of leisure and entertainment it had enjoyed as Place de Grève.

Le palais Bourbon : Chambre des députés jusqu'en 1940,
Assemblée nationale depuis 1946. Et le pont de la Concorde.
Bourbon, le nom est resté parce que l'hôtel a été construit pour le prince
Louis de Bourbon-Condé en 1722. Agrandi dans le style du Grand Trianon.
Doté d'un hémicycle pour le Conseil des Cinq-Cents, il n'en reste que le perchoir.
Napoléon qui veut une symétrie par rapport à la Madeleine fait transformer
la face nord en temple grec avec 12 colonnes et un fronton à sa gloire.
Louis-Philippe le remplace par l'actuel : la France, la Justice, la Force.
Le pont de la Concorde a d'abord été Louis XVI, puis Révolution,
il n'est Concorde que depuis 1830. Élargi en 1930 pour absorber
le flot des voitures : 153 m sur 34 m. Encore rénové en 1983.

*Pont de la Concorde and Palais Bourbon,
seat of the Chamber of Deputies till 1940 and the National Assembly since 1946.
Originally built for Prince Louis de Bourbon-Condé in 1722,
it was enlarged in a style similar to the Grand Trianon palace.
After the Revolution provision was made for a legislative assembly but only
the speaker's chair survives. To match the Madeleine, Napoleon had the north side
altered to resemble a Greek temple with 12 pillars and a pediment.
Louis-Philippe contributed the current motto: France, Justice, Strength.
The bridge was originally named after Louis XVI, then the Revolution,
only achieving Concorde in 1830. Some 153 metres long and 34 across,
it was widened in 1930 to cope with the traffic, then renovated in 1983.*

Pont au Change, coucher de soleil sculptant les balustres, le Pont-Neuf en contrejou
Au 1er siècle de notre ère, ce n'est qu'une passerelle de bois qui deviendra un vrai pon
bordé de maisons, où les changeurs font leur trafic de pièces « sonnantes et trébuchantes
Construit définitivement en 1858, il ne comporte que trois arche

*Pont au Change, looking towards Pont Neuf in the setting su
In the first century AD it was just a wooden bridge, subsequently becomir
a real bridge, lined with houses, where money changers plied their trad
Finally rebuilt in 1858 with just three arche*

Quai de la Mégisserie. 900 boîtes pour 240 bouquinistes qui ont droit à 8,20 m de boîtes chacun et mettent 300 000 livres à notre disposition. On ferme boutique au coucher du soleil.

Quai de la Mégisserie. Nine hundred boxes for 240 bouquinistes, *each entitled to 8.2 metres of space, with some 300,000 books for sale. Shop shuts at sunset.*

Pont au Change. La voie Georges-Pompidou, dite toujours « voie express » par les automobilistes qui s'y entassent en maugréant. Cette autoroute urbaine est aujourd'hui très contestée. Réservée aux piétons le dimanche. Des projets d'aménagement des deux rives sont très avancés.

PPont au Change and the Georges Pompidou expressway. This urban motorway, with its dreaded jams, is now under attack. It is closed to all but pedestrians on Sundays. Alternative development schemes on both banks are well advanced.

Passerelle Léopold-Sédar-Senghor (depuis 2006),
dite toujours au quotidien passerelle Solférino.
À la hauteur du musée d'Orsay,
elle permet de rejoindre le quai et les Tuileries.
106 m sur 15 m : acier et ipé, un bois précieux du Brésil.
Un chef-d'œuvre d'une élégante complexité qui a valu
à son architecte Marc Mimram l'Équerre d'argent en 1999.

*Passerelle Léopold Sedar Senghor (since 2006),
still commonly known as Passerelle Solférino.
Opposite Musée d'Orsay it leads to the embankment and the Tuileries.
Built of steel and ipe timber from Brazil
it is 106 metres long and 15 wide.
An elegantly complex masterpiece which earned
architect Marc Mimram the Equerre d'Argent award in 1999.*

Musée d'Orsay, quai Anatole-France, et le délicieux musée du Palais de la Légion-d'Honneur. L'ancien palais d'Orsay brûle en 1871, la gare est construite sur son emplacement à partir de 1898 et inaugurée juste à temps pour l'Exposition universelle de 1900. En 1939, elle ne dessert plus que la banlieue sud-est. En 1970, elle va être démolie quand le massacre des pavillons des Halles bouleverse l'opinion : halte à l'hécatombe des monuments historiques. En 1977, le président Giscard d'Estaing lance le projet d'un musée qui serait consacré au XIXe siècle. Les travaux commencent en 1983 sous la direction des architectes Bardon, Colboc, Philippon et Aulenti. Inauguration en 1996.

Musée d'Orsay, on Quai Anatole France, and the delightful Musée de la Légion d'Honneur opposite. The old Orsay palace burned down in 1871. Work building a station on the site started in 1898 and was completed just in time for the 1900 Universal Exhibition. By 1939 trains only ran to the south-eastern suburbs. In 1970 it was on the verge of demolition when destruction of Les Halles stirred public to call for historical monuments to be saved. In 1977 President Giscard d'Estaing floated the idea of a 19th century museum. Work started in 1983, led by the architects Bardon, Colboc, Philippon and Aulenti, and the museum opened in 1996.

le Canotier

Tour Eiffel, vue du pont de la Concorde. On devine, en rive gauche, les piles du pont Alexandre-III et le clocher de l'église américaine. Le pont (1897-1900) est offert par le tsar Nicolas II qui veut ainsi remercier la France de lui avoir prêté les 75 milliards or dont la Russie a besoin pour développer son industrie ; milliards que nous ne reverrons jamais. Il lui donne le nom de son père Alexandre III. Ce «cadeau» a donc coûté une fortune à ceux qui l'ont reçu.

The Eiffel tower from Pont de la Concorde.
The piers of Pont Alexandre-III and the tower of the American church on the left bank are just visible. The bridge (1897-1900) was a gift from Tsar Nicolas II to thank France for loaning Russia 75 billion francs in gold to develop its industry. The Tsar named the bridge after his father but the gift turned a little sour and cost a fortune for the recipients as the loan was never repaid.

Le pont des Arts et, au centre, la masse du Grand Palais

Pont des Arts and the bulk of the Grand Palais, right of centre

L'esplanade des Invalides, vue du dôme dessiné par Jules Hardouin-Mansart (1680), axe nord sud choisi par le Roi-Soleil. Une partie de la cour d'honneur édifiée par Libéral Bruant, l'esplanade des Invalides, le pont Alexandre-III, le Grand Palais, le Petit Palais. Un axe majeur de Paris.

Esplanade des Invalides, from the Dome designed by Jules Hardouin-Mansart (1680), looking down the north-south axis dear to Louis XIV. Part of the ceremonial courtyard built by Libéral Bruant, Esplanade des Invalides, Pont Alexandre III, Grand and Petit Palais. A key Paris perspective.

Pont de Bir-Hakeim. L'un des plus célèbres et des plus ouvragés, nommé pont de Passy jusqu'en 1948.
Lancé en 1878, reconstruit en 1903-1905 et décoré par Formigé. 237 m de long, 25 m de large. Parmi les statues les plus remarquables, *Les Nautes* et *Les Forgerons-riveteurs* de Gustave Michel. Souvent utilisé comme décor typiquement parisien par le cinéma.

Pont de Bir Hakeim. One of the most famous, but also elaborate bridges, named Pont de Passy till 1948. Work started in 1878. The structure, 237 metres long and 25 wide, was rebuilt in 1903-5 and decorated by Formigé. Among the most remarkable statues are Gustave Michel's Les Nautes *and* Les Forgerons Riveteurs. *Often used as a typically Parisian decor in films.*

Musée Branly, mur végétal sur le quai Branly. Une des nombreuses trouvailles d'un musée conçu par Jean Nouvel et qui accueille, fort bien, 4 millions de visiteurs par an.

Musée Branly on the Quai of the same name. The green wall is one of the many novelties of this museum designed by Jean Nouvel, which draws 4 million visitors a year.

L'île des Cygnes vue du pont de Bir-Hakeim.
On y accède par des escaliers créés au milieu de ce pont, c'est une belle promenade au cœur de la Seine qui permet surtout d'admirer les deux rives.
Elle possède une réplique de moins de 4 mètres de la statue de la Liberté de New York, visible sur la photo suivante.

*Ile des Cygnes from Pont de Bir Hakeim.
A staircase in the middle of the bridge leads onto the islet, for a lovely walk down the middle of the river with views of both banks.
Home to a four-metre replica of the Statue of Liberty in New York, visible in the following picture.*

Le quartier Beaugrenelle. Éclairé par la réplique de la Liberté.
Le quartier est créé en 1824 pour y implanter des maisons bourgeoises dans ce secteur populaire, une forme de mixité à l'envers.
Dans les années 1970, les urbanistes plantent ces tours et aménagent un centre commercial, sans vaincre la malédiction première.
Beaugrenelle suscite des critiques acerbes depuis sa création et l'indispensable projet de rénovation est toujours très controversé.

*The Beaugrenelle district, lit by a miniature Miss Liberty.
Beaugrenelle was developed in 1824 to introduce middle-class homes to a poor neighbourhood, a form of top-down social mixing. In the 1970s planners added tower blocks and a mall, without solving the original ills.
Beaugrenelle has prompted harsh criticism since its inception and there is still much controversy over the very necessary plans for its renovation.*

LE RENDEZ-VOUS DES GRANDS HOMMES

Du Panthéon à la Butte aux Cailles

Puisqu'on part du Panthéon… justifions tout de suite le titre. À l'image de la capitale entière, le Panthéon a changé de sens, de signe, parfois de style : l'église, un temps dédiée à sainte Geneviève, est devenue le lieu de culte de la (IIIe) République triomphante. Si Victor Hugo et Jean Moulin sont les plus connus, les logettes abritent la fleur des arts, des lettres et des sciences. Tous n'y sont pas, Pasteur a préféré un endroit plus tranquille, sous son lieu de travail, l'Institut qui porte maintenant son nom. Mais ceux qui sont là ont de bonnes raisons d'y être, à quelques exceptions près qui donnent tout son sens à la relativité de l'Histoire.
L'appellation « montagne » Sainte-Geneviève est une galéjade, avec ses soixante mètres. Mais cette colline est la vraie colline inspirée, beaucoup plus que celle de Barrès, obsédé par la ligne bleue des Vosges. Un régal pour les vivants.
Un album composite puisque même Saint-Étienne du Mont a été modifié par des architectes plus riches de bonnes intentions que de talents. En dépit de toutes ses imperfections, la place du Panthéon est parfaite puisqu'elle n'enferme pas, qu'elle a assuré vaillamment sa croissance, accepté un des chefs-d'œuvre de fer de Labrouste, sa bibliothèque, ou le lycée Henri-IV, pépinière programmée de cerveaux dans cette serre à intellectuels instaurée par Robert de Sorbon.
Elle a gardé, à peine ravalées, les petites rues qui enchantaient Villon et Rabelais,elle rapproche de Mouffetard et de l'Estrapade qui ont toujours des airs de Doisneau et de Cartier-Bresson. Elle compte quelques-unes des plus délicieuses tables de Paris, nichées parfois dans des endroits improbables.
Mais n'escamotez pas la suite. Dix pas de plus, après une escale aux Gobelins, c'est le parc Montsouris, bordé de rues si jolies qu'elles sont piratées par le cinéma.
Et un pas de plus, la Cité universitaire, condensé improbable des facéties « couleurs locales », puisque chaque pays invité y a édifié sa maison comme bon lui semblait. Une rareté… qu'il faut considérer comme la maison des (futurs) grands hommes.

HOB-NOBBING WITH GREAT MEN

The Panthéon to Butte aux Cailles

As we are starting from the Panthéon we should perhaps explain the title. Much as the capital as a whole, this building is heavy with meaning and style. Once a church dedicated to Saint Genevieve, it became a secular place of worship under the Third Republic (post-1870). It is the final resting place for the greatest and the best among French artists, writers and scientists, in particular Victor Hugo and Jean Moulin. But some such as Louis Pasteur opted for a more peaceful grave.
Most of those present have good reason to be there and the others are a lasting illustration of the relative nature of history.
The building stands on the Montagne Sainte Geneviève, all of 60 metres above sea level. Yet the hill is a genuine source of inspiration, far greater than the Vosges which so obsessed Maurice Barrès. For a start it is fascinating for the living, a picture book full of contrasts, even Saint Etienne du Mont church having been altered by architects loaded with the best intentions and little skill. Place du Panthéon is perfect, despite all its shortcomings, thanks to its sense of opening. It has bravely continued to spread, accepting one of Labrouste's steel masterpieces, the Panthéon library, and Lycée Henri IV, which schools the crème *of French youth in preparation for the Sorbonne. The square still has the narrow streets which enchanted Rabelais, looking much the same, and it takes us closer to Rue Mouffetard and Rue de l'Estrapade, ever reminiscent of Doisneau and Cartier-Bresson. It also boasts some of the finest restaurants in Paris, hidden away in the oddest places.*
But do not miss the last part. Just a little further, after stopping at the Gobelins tapestry manufacture, take a look at the Montsouris gardens, surrounded by pretty little streets too often featured in films.
Thence to the Cité Universitaire, an odd mixture of styles, each country having designed a building as it saw fit. A rare treat, which should perhaps be seen as the home of tomorrow's great men and women.

<< p. 102 : Rue Blainville, quand elle se jette place de la Contrescarpe, ombres portées sur les pignons chargés de pots de cheminée.

<< p. 102 : Rue Blainville, as it enters Place de la Contrescarpe. Shadows cast on gable ends laden with chimney pots.

Rue Descartes, un arbre signé Alechinsky, sur le mur du lycée Henri-IV.

Rue Descartes, a tree by Alechinsky, on the wall of Lycée Henri IV.

Place de la Contrescarpe, face à l'église Saint-Médard.
Une façade décorée comme une boîte de confiseries.

Place de la Contrescarpe, opposite Saint Médard church.
A facade decorated like a box of sweets.

Le Panthéon. L'architecte Soufflot a voulu rivaliser avec Saint-Pierre de Rome et Saint-Paul à Londres. Louis XV, qu'on appelait encore le Bien-Aimé, ne reconnaîtrait pas le fruit du vœu qu'il avait fait en 1744 quand il manque de mourir à Metz . Il veut une église dédiée à sainte Geneviève, patronne de Paris, mais, faute d'argent, il laisse au célèbre Casanova le droit d'organiser des loteries pour recueillir des fonds. Début des fondations en 1755 ; première pierre en 1764.
Quand elle est terminée, avec ses deux clochers, ses trois entrées et ses 24 immenses baies très hautes, l'église ne ressemble pas au monument d'aujourd'hui. Dimensions impressionnantes : 110 x 82 m.
Les 82 mètres de haut, ajouté aux 60 mètres de la colline qui domine la Seine, donnent un des plus beaux points de vue sur Paris.

Le Panthéon. The architect Soufflot was competing with St Peter's in Rome and St Paul's in London. Louis XV would not have recognized the result of the wish he made in 1744 when he almost died in Metz. He wanted a church dedicated to Saint Genevieve, the patron of Paris. Lacking the necessary funds, he allowed Giacomo Casanova to hold lotteries to raise money. The first foundations were laid in 1755 and the first stone raised in 1764. The finished church, with two belfries, three entrances and 24 huge windows, bore little resemblance to what we see today. It is 110 metres long, 82 wide and 82 high, so with the hill's 60-metre elevation it dominates the Seine with one of the finest viewpoints in Paris.

Le Panthéon. Le monument à la gloire de la Convention nationale. Sainte-Geneviève changera cinq fois de destination puisque chaque régime modifie son statut. Dès avril 1791, elle devient un temple révolutionnaire grâce à Mirabeau qui donne l'exemple à titre posthume. Pour mieux marquer le changement, les sans-culottes arasent les clochers, bouchent les fenêtres et déménagent le mobilier liturgique. L'église est désormais un vrai panthéon à la romaine, sur lequel on sculpte une inscription visible de toute la ville : « Aux grands hommes, la Patrie reconnaissante »… qui sera effacée par Napoléon en 1806. Le pluriel ne lui convient pas ! Les travaux continuent avec Louis-Philippe qui replace l'inscription. Napoléon III l'enlève et plante une croix. La Commune remplace la croix par un drapeau rouge. La République remet l'inscription et la croix.

Le Panthéon. A monument to the glory of the National Convention. The purpose of the building changed five times, at the whim of succeeding regimes. In April 1791 it became a revolutionary temple thanks to Mirabeau who posthumously started a trend. To underline the changes underway the mob cut short the towers, blocked up the windows and removed the church furniture. The building became a Roman-style Pantheon, bearing an inscription visible all over the city: 'To great men [from] the grateful Fatherland'. Napoleon had it removed in 1806. There was only one great man! Work continued under Louis-Philippe who had the words replaced. Napoleon III took it down and added a cross. The Commune put a red flag in its place. Finally the Republic restored the motto and the cross.

VIVRE LIBRE OU MOURIR
LA CONVENTION NATIONALE

Institut du monde arabe (IMA), rue des Fossés Saint-Bernard et quai Saint-Bernard. Entrée par la place Mohammed V. Une réalisation architecturale audacieuse de Jean Nouvel qui s'inspire des moucharabiehs pour faire vivre la façade : les 240 ouvertures se règlent comme un diaphragme d'appareil photo pour réduire ou augmenter la lumière. Décidé par le président Giscard d'Estaing en 1973, soutenue par une fondation créée en 1980, inauguré en 1987 par le président Mitterrand.

The Arab World Institute (IMA), Rue des Fossés Saint Bernard and Quai Saint Bernard. The entrance is on Place Mohammed V. A daring architectural endeavour by Jean Nouvel who adapted the mashrabiya *concept to bring the façade to life. Its 240 openings adjust to suit the outside light like the diaphragm of a camera. The project was launched by President Giscard d'Estaing in 1973, backed by the foundation started in 1980, and opened in 1987 by President Mitterrand.*

IMA. La bibliothèque, éclairée par les fameux moucharabiehs de Jean Nouvel. L'ensemble baigne dans une lumière maîtrisée, que ce soit dans la librairie ou les restaurants. Et se termine, comme au Maghreb, par une terrasse qui permet une vue inédite sur la Seine.

IMA. The library, lit by Jean Nouvel's variable aperture windows. The light in the bookshop and restaurant is perfectly controlled. Much as in North Africa the building culminates with a terrace, which commands a superb view of the river.

RUE DAUBENTON
2
RUE GEOFFROY SAINT HILAIRE

Mosquée de Paris. Rue Geoffroy-Saint-Hilaire,
bordé par le Jardin des Plantes.
C'est un ensemble culturel dirigé par
l'Institut musulman depuis 1926.
Les promoteurs de cette mosquée,
le maréchal Lyautey et l'érudit marocain Si Kaddour ben Ghabrit
qui voulaient rendre hommage aux 50 000 Maghrébins
morts pendant la Grande Guerre,
ont choisi le respect absolu de la tradition :
le visiteur se croit dans une mosquée de Fès ou de Rabat.

*Paris mosque, on Rue Geoffroy Saint Hilaire,
bordering on the Botanical Gardens.
This cultural centre has been operated
by the Institut Musulman since 1926.
The advocates of the mosque – Maréchal Lyautey
and the Moroccan scholar Si Kaddour ben Ghabrit –
wanted to pay tribute to the 50,000 North Africans
killed in the first world war.
They kept closely to tradition and this could easily
be taken for a mosque in Fes or Rabat.*

Mosquée de Paris, les jardins. C'est un lieu de convivialité dans les parterres aussi parfumés que ceux de l'Alhambra, mais c'est aussi un lieu de prière et de recherche. Le décor est un vrai recueil de toutes les formes de l'art dit « hispano-mauresque » qui ne doit sa survie aujourd'hui qu'aux artisans marocains.

Paris mosque, the gardens. This is an attractive spot with flowerbeds as fragrant as the Alhambra, but also a place of prayer and study. The decor is a compendium of Hispano-Moorish art forms, only now practised by Moroccan craftsmen.

Rue Mouffetard. Cours de danse dominical, au son de l'accordéon et d'une sono de secours.
Une chanteuse réaliste rappelle les années Piaf. Des pros du tango et de la java vous font partager leurs secrets.

Rue Mouffetard. Sunday dancing class accompanied by an accordion and a backup sound system.
A realistic singer recalls the Piaf era. Professional tango and java dancers share their secrets with willing participants.

Avenue de la Porte-de-Choisy, plus connue sous le nom de Chinatown.
300 000 Asiatiques, pas tous Chinois, échangent des messages dans la plus stricte confidentialité !

Avenue de la Porte de Choisy, better known as Chinatown.
Some 300,000 Asians, not all Chinese, exchange messages in complete confidentiality!

LA VOIE ROYALE

De la rue Saint-Jacques à la porte d'Orléans

Elle ne peut porter d'autre nom puisque les rois quittaient leurs palais pour retrouver leurs châteaux sur les rives enchanteresses de la Loire, par la porte d'Orléans. Ils empruntaient bien sûr la rue Saint-Jacques. C'était parfois assez spectaculaire et long : quand Catherine de Médicis a voulu présenter son jeune fils Charles IX à son royaume, elle emportait six mille chariots et le défilé a duré deux jours… Il est vrai qu'elle partait deux ans… Henri IV était plus rapide et plus discret quand il filait voir une de ses maîtresses sous prétexte de chasser à Fontainebleau. Napoléon a été encore plus rapide quand il fait ses adieux (provisoires) à ses grognards le 20 avril 1814. Heureuse ou malheureuse, c'est vraiment « la » route des rois vers la vallée des rois, la Loire indomptée aux mille châteaux.

C'est encore là que la mère de Louis XIV, Anne d'Autriche, a voulu créer l'église et l'hôpital du Val-de-Grâce qui est certainement un des témoignages les plus éblouissants de l'interminable règne. Le lieu est d'autant plus lisible, abordable sans être familier, que les hauts murs qui le cachaient ont été rasés, le regard pénétrant maintenant partout.

Si la rue Saint-Jacques garde son trajet médiéval plus que son tracé, qui bien entendu a été chamboulé, elle change de mine au voisinage de la Sorbonne et de l'Institut Curie, hauts lieux de l'intelligence. En frôlant le boulevard Saint-Michel, elle s'adapte puis retrouve les villes hospitalières, si parisiennes, que sont Cochin, Broca ou La Rochefoucauld.

Ses grandeurs ne doivent pas faire oublier un îlot de photogénie : la Butte aux Cailles. Sitôt escamotée la place d'Italie, vers la surprenante poterne des Peupliers, il est facile de l'oublier. Elle requiert pourtant toute votre attention car c'est un condensé de ce qu'on trouve de plus accueillant à Paris. Ses quatre rues qui se mélangent inventent un remarquable village.

ROYAL WAY

Rue Saint Jacques to Porte d'Orléans

There is really no other term for the 'voie royale', the route taken by French kings when they left their palaces for the châteaux *in the Loire valley, passing through Porte d'Orléans. Of course they went along Rue Saint Jacques, sometimes a spectacular but lengthy process. When Catherine de Medici set out to show her son Charles IX to the kingdom she took 6,000 carts and the procession lasted two days. Admittedly her tour lasted two years. Henri IV was quicker and more unobtrusive when he slipped out to see one of his mistresses, claiming he was going hunting. Napoleon was even quicker when he bid (temporarily) farewell to his soldiers on 20 April 1814. Either way it really was the royal route to the valley of the unruly Loire and its myriad châteaux.*

Louis XIV's mother, Anne of Austria, founded the Val de Grâce church and hospital, certainly one of the finest architectural achievements of his interminable reign.

The high walls behind which it once sheltered have been demolished, so it is now much easier to get a sense of the place, without coming too close.

Rue Saint Jacques still pursues its original direction, though its actual course has obviously changed. Above all its aspect changes as we approach the Sorbonne and Institut Curie, the seats of intense intellectual activity.

Passing close to Boulevard Saint Michel, it adapts its guise, before reaching the big hospitals – Cochin, Broca and La Rochefoucauld – so typical of Paris.

Despite all this magnificence it would be a pity to miss the particularly picturesque Butte aux Cailles.

In our haste to avoid Place d'Italie and move on to the surprising Poterne des Peupliers, we might easily omit this jewel. It is well worth seeing, packing into a small space all that is most hospitable in Paris.

Together its four streets constitute a remarkable village.

Musée de Cluny, la porte en accolade, de la rue du Sommerard.

Musée de Cluny, Rue du Sommerard, with its decorative door.

<< p. 114 : Le dôme du Val-de-Grâce, vu de la rue de la Santé ; au premier plan un des bâtiments nouveaux de l'hôpital Cochin. Le Val-de-Grâce, commencé par Mansart en 1645, terminé dès 1667, est une des œuvres les plus homogènes de la capitale. Anne d'Autriche, mère de Louis XIV, y a consacré tout son temps et sa fortune. Les bâtiments monastiques sont tout aussi remarquables.

<< p. 114 : The dome of Val de Grâce church, from Rue de la Santé, with one of Cochin hospital's new buildings in the foreground. Val de Grâce, started by Mansart in 1645 and completed in 1667, is one of the most harmonious buildings in Paris. Louis XIV's mother, Anne of Austria, devoted all her time and fortune to it. The convent buildings are remarkable too.

Musée de Cluny. Façade de l'hôtel des abbés de Cluny. Il appartenait à la très riche abbaye bénédictine de Cluny qui le louait souvent à des hôtes de marque. C'est un modèle parfait de l'architecture civile de la fin du Moyen Âge. Avec son jardin médiéval, les thermes et le musée, c'est un ensemble incontournable au cœur du Quartier latin, parfaitement remis en valeur.

Musée de Cluny. The front of the mansion, property of the very rich Benedictine order of Cluny, which often rented it to high-ranking guests. It is a perfect example of late medieval secular architecture. Perfectly restored, with its period garden, hot baths and museum it is a must, at the heart of the Quartier Latin.

Musée de Cluny. Il a été ouvert dès 1844 grâce au legs d'un collectionneur passionné, Alexandre du Sommerard, qui avait commencé à le faire vivre en louant six pièces au premier étage pour abriter ses trésors.

Musée de Cluny. The museum opened in 1844 thanks to a bequest by Alexandre du Sommerard, a keen collector who had started to bring it back to life by renting six rooms on the first floor to house his treasures.

Musée de Cluny. La voûte flamboyante de l'ancienne chapelle où s'enlacent les liernes et les tiercerons compliqués comme des flammes.

Musée de Cluny. The flamboyant Gothic vault of the old chapel, featuring interlaced ribs and sub-ribs as complicated as flames.

Rue Saint-Jacques. L'Institut océanographique affiche clairement sa mission, un poulpe lui sert d'enseigne.

Rue Saint Jacques. Taking an octopus as its emblem, the Oceanographic Institute makes no secret of its mission.

Rue Saint-Jacques, l'enseigne du « Polly Maggoo » (hommage au film de W. Klein *Qui êtes-vous, Polly Maggoo?*), côté impair, face au chevet de l'église Saint-Séverin, est typique du Quartier latin !

Rue Saint-Jacques. The Polly Maggoo shopfront (tribute to the film of W. Klein Who are you, Polly Maggoo?*), opposite the back of Saint Séverin church, is typical of the Latin Quarter.*

Avenue de l'Observatoire. L'Institut d'art et d'archéologie qui ressemble tant à un palais de terre sur les bords du Niger ou à un ksar marocain en briques crues. L'avenue, longue de 380 mètres, suit le méridien de Paris. Elle entoure deux jardins de plus de deux hectares qui prolongent en fait le Luxembourg.

Avenue de l'Observatoire. The Art and Archaeology Institute looks just like an adobe palace on the banks of the Niger or a brick ksar in Morocco. The avenue, which is 380 metres long, follows the Paris meridian. It runs along two parks covering more than two hectares and extending the Luxembourg gardens.

Avenue de l'Observatoire. La splendide fontaine allégorique des *Quatre parties du monde*, dite *Carpeaux*. Le groupe des femmes portant le monde est de Carpeaux mais la structure et la décoration de la fontaine sont d'Emmanuel Frémiet, un des artistes les plus féconds de la fin du XIXe siècle.

Avenue de l'Observatoire. Carpeaux's splendid allegorical fountain representing The Four Parts of the World. The artist did the group of women, but the fountain's structure and decoration are the work of Emmanuel Frémiet, ne of the most prolific late 19th century artists.

ENTRÉE DES ARTISTES

De la Sorbonne à la porte de Versailles, par la rue de Vaugirard

Non pas à cause du théâtre, mais parce que Montparnasse a été, après les années Montmartre du Bateau-Lavoir, le centre du monde pour les peintres et les sculpteurs au lendemain de la guerre de 14-18. Entrée difficile, sortie parfois douloureuse pour les plus grands artistes du siècle, sans exception notable. Modigliani, Pascin, Bourdelle, Picasso – qui est partout mais, à cette époque, rue Schoelcher –, Soutine, Picabia, Foujita, Derain.

La vie de bohème si spectaculaire est imposée et non choisie. C'est le temps des peintres maudits qui font les bons feuilletons et les mauvais films. Le temps des Américains pleins de dollars et des petites femmes pleines de charme qui se font un nom, comme Kiki de Montparnasse, vieille noblesse de palette.

Le temps d'une aventurière nommée Maria Lani qui, maquillée en vedette d'Hollywood, se fit tirer le portrait par quarante-huit peintres et sculpteurs parmi les plus fameux et qui disparut avec le magot à peine sec. Revendu toile après toile.

Il reste quatre endroits intacts. La Ruche, le rêve du généreux sculpteur Jean Boucher pour abriter les jeunes talents sans le sou, dans les restes bricolés d'un pavillon de l'Exposition universelle. Le musée du Montparnasse, qui fut d'abord atelier puis cantine de Marie Vassilieff, qui donnait la becquée à plus pauvre qu'elle. Le musée Bourdelle, tout proche, qui fut son atelier pendant trente ans, conservé à l'identique, tout en profitant des subtils agrandissements signés Portzamparc.

Et le musée Zadkine, trop bien caché rue d'Assas, où l'on a envie de demeurer sous les arbres. Et, pour mémoire : l'Académie de la Grande Chaumière, toujours en activité ; le carrefour Vavin, coloré par les lumières emblématiques de la Coupole, du Dôme et du Sélect.

Les dévastations pompidoliennes du quartier, dans les années soixante-dix, ont tout effacé et les vraies traces se trouvent dans les musées et les livres.

Pour reculer la gare et planter cette tour pylône, esseulée, tout a été rasé.

Un cubiste n'y retrouverait pas ses petits. Pourtant, le quartier reste vivant, mutilé mais vivace, c'est un des vrais rendez-vous du Paris de la nuit.

BRING ON THE ARTISTS

The Sorbonne to Porte de Versailles, via Rue de Vaugirard

After the Montmartre period and all the excitement at the Bateau Lavoir, the focus of attention for painters and sculptors moved to Montparnasse after the first world war. For some this was the start, for others the end, but times were hard for almost all the 20th century's greatest artists: Modigliani, Pascin, Bourdelle, Picasso – then based in Rue Schoelcher – Soutine, Picabia, Foujita and Derain.

Their spectacular Bohemian life style was not a matter of choice, but necessity.

This was a time of 'peintres maudits', *good subject matter for soap operas and B movies, but also an era of rich American collectors and charming women, such as Kiki de Montparnasse, who graduated to the artworld nobility.*

Here too was an adventuress called Maria Lani who claimed to be a Hollywood star and had her portrait done by 48 of the most famous painters and sculptors, only to abscond with the whole collection, selling them off one by one.

Four places remain untouched.

La Ruche was dreamt up by a generous sculptor, Jean Boucher, to accommodate budding artists with no money, using the remains of a pavilion from the Universal Exhibition. Musée de Montparnasse started life as Marie Vassilieff's studio, before she started serving meals there for starving artists.

Just nearby, she used what is now Musée Bourdelle as a studio for 30 years.

It has hardly changed, just slightly enlarged by architect Christian de Portzamparc.

Lastly there is Musée Zadkine, hidden away in Rue d'Assas, with marvellous shady trees. Also not to be missed are the Grande Chaumière academy, which is still going, and Carrefour Vavin (now renamed Place Pablo Picasso) lit by the lights of three great cafes – Coupole, Dôme and Select.

The devastation wrought by 1970s developers destroyed a great deal and all that remains is now in museums or books. Everything was flattened to move the railway station back and raise the massive, solitary tower.

The Cubists would be completely lost. But the neighbourhood is still lively, despite its scars, and definitely a centre of Paris nightlife.

Avant de retrouver les effluves des années dites folles, qui ne l'ont pas été pour tout le monde, il faut se retourner à l'inévitable Sorbonne, marque déposée depuis peu, mais fondée en 1257 par le chanoine Robert de Sorbon (toujours « au nom du roi »). La délicieuse place a été purgée de ses voitures, remplacées par de jolies filles qui fleurissent aux terrasses sous l'œil atone d'Auguste Comte : une placette qui est le centre d'un monde. Et le terminus des quatre kilomètres et quelques de la plus longue rue de Paris, Vaugirard (4,3 km), qui fête d'ailleurs ses six cents ans puisqu'elle s'appelait le Val Girard au temps de Charles V le Sage. C'est une main courante qu'il faut suivre aussi bien jusqu'à l'Odéon, lui aussi remis en beauté, qu'au long du Luxembourg qui est un arrondissement à lui seul. Le luxueux palais des sénateurs, édifié par Marie de Médicis, est interdit aux électeurs, mais sa masse sert de puissant rideau de scène. Entre Panthéon et Saint-Sulpice, deux autres « théâtres ».
Le Luxembourg se prolonge en réalité vers l'Observatoire et c'est une des perspectives les plus jubilatoires de Paris ; il faut prendre le temps de la parcourir sans se presser, et choisir de se retourner souvent : avancer recto verso, en somme. Le temps d'arriver à la Closerie des Lilas : arène pour les écrivains « révolutionnaires » des années trente qui s'y firent la guerre en dentelles ; célèbre dans le monde entier grâce à Hemingway soudé au bar. Un souvenir intact, séduisant comme une belle femme qui ne vieillit pas.
Ensuite, dernier rendez-vous au parc Georges-Brassens, qui vécut tout près. L'abattoir hippophagique est devenu une passionnante librairie en plein air, au bord d'un jardin agreste.

Before resuming our tale of the roaring 1920s, which were not such fun for everyone, we need to stop at the Sorbonne. Now a registered trademark, the university was founded in 1257 by a canon Robert de Sorbon, as ever in the name of the king.
The lovely square has been rid of its cars, replaced by pretty young women who adorn the cafe terraces, overlooked by a statue of the philosopher Auguste Comte.
This could be the centre of the world, but it is also the end of Rue Vaugirard, the longest street in Paris (4.3 km). Six centuries ago, under Charles V, the Wise, it was already known as the Val Girard.
Follow its path, past the Odeon theatre, also beautifully restored, and along the Luxembourg gardens, almost an arrondissement *in themselves.*
The luxurious palace, now home to France's upper chamber, is not open to the general public, but it makes a fine backdrop, between the Panthéon and Saint Sulpice, two other 'theatres'.
From the Luxembourg gardens it is well worth going as far as the Observatory, for one of the finest views in Paris. Take your time, with frequent glances over your shoulder. In short, go back and forth! You should end up at La Closerie des Lilas, a favourite watering hole for 1930s 'revolutionary' writers who waged war in this elegant setting. Hemingway propped up the bar here for long enough to make it world famous.
The memory of that era lives on like a beautiful woman untouched by passing time.
Our last port of call is the Parc Brassens. The singer lived just near here.
The horse-meat abattoir has become an extraordinary open-air bookshop, bordering on a rustic garden.

<< p. 126 : Musée Bourdelle, rue Bourdelle : *Le Centaure mourant* (1911-1914).
Bourdelle emménage dès 1885 dans ce qui était alors le 16, impasse du Maine avant de devenir sa rue. Installé dans l'atelier du sculpteur, en juillet 1949, le musée a été agrandi d'abord en 1961 par Henri Gautruche, puis en 1992 par Christian de Portzamparc.
C'est l'un des plus remarquables musées consacrés à un seul artiste. Une réussite totale.

<< p. 126 : Musée Bourdelle, Rue Bourdelle: The Dying Centaur (1911-1914).
In 1885 the artist moved to Impasse du Maine, which later adopted his name.
The museum, established in the sculptor's studio in July 1949, was extended by Henri Gautruche in 1961, then by Christian de Portzamparc in 1992.
One of the finest museums focusing on a single artist. A complete success.

Jardin Georges-Brassens, 2, place Jacques-Marette XVe arrondissement.
Ouvert en 1975, en l'honneur du chanteur qui a vécu pendant des années à quelques centaines de mètres. La tour de l'horloge est tout ce qui reste des anciens abattoirs de Vaugirard, devenus un jardin accidenté et plaisant, doté en sus d'un marché aux livres très fourni, le samedi et le dimanche, dans l'ancienne halle aux chevaux.

Jardin Georges Brassens, 2 Place Jacques Marette, in the 15th arrondissement.
Opened in 1975, in honour of the singer who lived nearby for many years.
The clock tower is all that remains of the Vaugirard slaughterhouse, now the site of a pleasant, sloping park. It also boasts a well appointed second-hand book market on Saturdays and Sundays in the former horsemeat market.

VENTE A LA CRIEE

La place de la Sorbonne, devant l'église voulue par Richelieu, redevient un lieu de vie au cœur du Quartier latin, depuis les récents aménagements. Le piéton est roi, les terrasses sont confortables, les musiciens sont déjà là.

Place de la Sorbonne, in front of the chapel initiated by Richelieu, has taken on a new lease of life at the heart of the Latin Quarter, thanks to recent changes. Pedestrians have their way, the cafe terraces are comfortable. May the music play on!

Luxembourg. Anne-Marie-Louise d'Orléans,
duchesse de Montpensier et cousine de Louis XIV,
semble veiller sur le palais qu'elle aurait bien voulu conquérir.
Marbre de Camille Demesmay, 1848.
Vingt « femmes remarquables » entourent le bassin.
De sainte Clotilde à Anne de Bretagne qui fut deux fois reine de France.

Jardin du Luxembourg. Anne-Marie-Louise d'Orléans,
Duchess of Montpensier and a cousin of Louis XIV,
watches over the palace she would like to have conquered.
Marble by Camille Demesmay, 1848.
Twenty 'remarkable women' surround the pond,
including St Clotilde and Anne of Brittany, twice Queen of France.

Jardin du Luxembourg sous la neige. S'il est aussi calme, ce n'est pas seulement à cause du froid, mais du principe de précaution qui fait fermer tout ou parties des jardins et parcs de Paris au moindre flocon de neige. Et donne une image inédite de ces 32 hectares fréquentés par 20 000 personnes chaque jour.

Jardin du Luxembourg in the snow. The eerie calm is not only a direct result of the cold weather, but rather of council caution, all or parts of the city's parks and gardens closing with the first snowflakes. We are rewarded with an unusual picture of the 32-hectare park, habitually used by 20,000 people a day.

Jardin du Luxembourg, *L'Acteur grec*.
Sculpture en bronze de Charles-Arthur Bourgeois qui a été longtemps placée au théâtre de l'Odéon.
L'acteur, souriant, prend la pose en lisant un manuscrit, masque rituel sur le front.

Jardin du Luxembourg, The Greek Actor.
Bronze sculpture by Charles-Arthur Bourgeois which spent a long time at the Odéon theatre.
The smiling player strikes a pose while reading a script, his brow concealed by a ritual mask.

ODEON THEATRE DE L'EUROPE
10-11
ODÉON
i demoni la cerisaie hamlet
l'opérette imaginaire le petit
chaperon rouge pinocchio
dämonen le vrai sang le
jeu de l'amour et du
hasard la fin. scénarios ma
chambre froide adagio
trilogie eschyle noli me
tangere mille francs de
récompense impatience

Rue de la Gaité.
Jeu de façades cubistes
à l'angle du boulevard Edgar-Quinet.
Le merveilleux désordre d'avant 1914.

Rue de la Gaité.
Cubist art work at the corner
of Boulevard Edgar Quinet.
Marvellous pre-1914 disorder.

Théâtre de l'Odéon (1782). Cadeau du roi à la Ville de Paris à charge pour elle d'y édifier un théâtre… qui va brûler trois fois.
Toujours reconstruit à l'identique. Des voisins qui vont devenir célèbres, Balzac, George Sand, Flaubert, Alphonse Daudet.
Entièrement rénové en 2009.
Les voitures ayant été expulsées, la perspective reprend ses droits et la place redevient un séjour de rêve.
À deux pas du Luxembourg.

Théâtre de l'Odéon (1782). A royal gift to the City of Paris, leaving the latter to build a theatre … which burned down three times and was rebuilt exactly as before. Illustrious neighbours included Balzac, George Sand, Flaubert and Daudet.
Fully refurbished in 2009.
Now the cars have gone we can see the square properly and it is once more a pleasant place to linger, just a step away from the Luxembourg gardens.

Rue de la Gaîté. Enfin un nom spontané qui correspond à la réalité ! À cet endroit s'élèvent en 1730 les « barrières d'octroi » qui sont le cauchemar des marchands car il faut s'arrêter pour payer les taxes au guichet. La file des charrettes s'allonge, des tavernes s'installent pour distraire les voituriers et les maraîchers. Les bals ouvrent, les filles arrivent. Bal des Gigolettes, bal des Escargots, bal du Sauvage, bal des Gigoteurs, bal des Deux Eléphants que George Sand honorait de sa présence. Les clients affluent. Et la java continue après la destruction des « barrières ». Premier restaurant en 1802. Premières moules-frites. Le café des Mille Colonnes devient en 1868 le théâtre Bobino, aujourd'hui un music-hall entièrement rénové. C'est toujours la rue de la fête parisienne.

Rue de la Gaité. At last a cheery word that reflects reality! In 1730 a city-toll gate was set up here, a nightmare for traders obliged to stop and pay. Lines of carts piled up and taverns opened to console the carters and market-gardeners. Dance halls opened too, attracting young women. Here were a string of Bals *with odd names – Turkey Legs, Snails, Savage, Wrigglers and even Two Elephants, attended by George Sand. Merry-makers flocked here and the fun continued long after the gates had gone. The first restaurant opened in 1802, followed by the first mussels-and-chips stand. In 1868 the Café des Mille Colonnes became Théâtre Bobino, now a fully refurbished music-hall. It is still a very festive Paris street.*

LE CHEMIN DES ÉCOLIERS

De la place Saint-Michel au bois de Boulogne par le Trocadéro

Il faut prendre le mot au pied de la lettre : un chemin qu'il faut découvrir en flanant. C'était, au XIIe siècle, le chemin des écoliers pour les clercs, qui allaient se battre en duel en essayant d'échapper aux sbires des prévôts du roi – la preuve reste la rue du Pré-aux-Clercs –, qui allaient ferrailler un plus un plus loin, sur le pré, d'abord au-delà de la muraille, puis jusqu'à la plaine de Grenelle.

Le chemin est sinueux parce qu'il dessert quelques-uns des plus beaux musées de Paris et qu'il pourrait être lui aussi une autre entrée des artistes.

Tout commence à Saint-Germain-des-Prés qui, avant d'être célébré pour ses noctambules – autoproclamés « existentialistes », le fut pour sa célèbre abbaye qui constituait tout le quartier.

Tout continue par la rue du Bac qui allie tradition raffinée et audace ultra-contemporaine puisqu'un centre de commerces très haut de gamme s'ouvre dans ce qui fut l'immeuble des douanes que personne ne regardait.

Petit crochet vers le musée Maillol qui célèbre évidemment le sculpteur de Banyuls, mais organise aussi des expositions remarquables – dans un cadre quasi onirique – dont les thèmes sont toujours passionnants. C'est un répit sensuel avant la grandeur absolue des Invalides que l'on attribue trop souvent à Napoléon Ier, qui n'y a que son tombeau installé vingt ans après sa mort ! C'est encore une fois la « volonté du roi », Soleil en l'occurrence, qui a conçu cette œuvre magistrale qui continue à remplir sa vocation d'origine, les soins aux blessés et aux invalides de l'armée. Qui est le lieu de l'hommage de la Nation à ses disparus dans le cadre de la cour d'honneur. Et qui vient de rénover son musée, sous la houlette du général Bresse. On doit désormais dire ses musées. L'hôtel des Invalides est devenu lieu de mémoire et de réflexion, dans un cadre si puissant que le général de Gaulle avait pensé y installer la présidence de la République. Si l'école militaire ne se visite pas, il est recommandé de considérer la tour Eiffel depuis la place Joffre (toujours à cheval) et de parcourir le Champ-de-Mars comme le faisaient les visiteurs de l'Exposition universelle de 1889, avec le Trocadéro en perspective.

UNWILLINGLY TO SCHOOL

Place Saint Michel to Bois de Boulogne via Trocadéro

Try to take this bit literally! Here is a route to be explored at an easy pace, perhaps even with breaks. It started as a roundabout route taken by scholars and clerks going to fight duels, keen to escape the lackeys of the royal provost.

To prove the point we still have Rue du Pré aux Clercs. They would go a bit further, into the field beyond the wall, towards what is now Rue de Grenelle.

We too follow this winding route because it takes in some of the finest museums in Paris, as well as recalling many artists.

It all starts at Saint Germain des Prés, which was famous for the abbey which occupied much of the neighbourhood, long before there was any talk of existential night-owls.

We continue along Rue du Bac which combines refined tradition and very contemporary daring, a luxury shopping mall having opened in a once inconspicuous office block occupied by the customs.

Off to one side is Musée Maillol. Naturally it focuses on the celebrated sculptor but also stages remarkable exhibitions in a dream-like setting. It is always worth a visit, a rest for the senses before the absolutist grandeur of Les Invalides, all too often attributed to Napoleon Bonaparte.

In fact he was just buried there, 20 years after his death. The hospital too is by order of the king Louis XIV, who conjured up its masterly design. To this day it continues to care for wounded combatants.

The main courtyard commemorates those who gave their lives in the service of the nation. The site, which now has several museums, the original one having been refurbished, has become a place for remembrance and thought.

The setting is so evocative that General de Gaulle even considered making it the seat of the presidency.

The military academy is not open to visitors but the view of the Eiffel tower from Place Joffre (on horseback) is superb. From here you may cross the Champ de Mars following in the footsteps of visitors to the Universal Exhibition of 1889, looking across to the Trocadéro.

On ne présente plus cette résille de fer qui souleva en son temps l'indignation des beaux esprits et qui permit en 1927 à Lindbergh de retrouver Le Bourget grâce aux publicités lumineuses d'André Citroën. L'objet de discorde esthétique est devenu le phare de la Ville Lumière. Intact. En revanche, la colline de Chaillot a longtemps été le type même de l'absence de projet urbanistique cohérent. Charles X y avait édifié un palais de pacotille pour célébrer la victoire de ses troupes contre les libéraux espagnols au Trocadéro, près de Cadix, sur une idée de Chateaubriand. Si bien qu'on traîne encore ce nom qui conviendrait mieux à un lupanar ou à un cirque en dépit de la primauté historique de la colline de Chaillot, avec son couvent bien sûr, son petit port sur la Seine et ses chasses à courre qui ont donné son nom – par corruption, comme souvent – à la porte de la Muette qui signifie, en vérité, la meute.
Les régimes ont entassé des rénovations, accumulé des ajouts, creusé la colline. La résultante de ces efforts qui ont culminé pour l'Exposition universelle de 1937 aurait pu être une catastrophe esthétique. C'est une réussite improbable mais indiscutable. Une source infinie de points de vue sur la capitale traversée par le rayon scintillant de la Seine. J'avoue que les auteurs de ce livre adorent y dîner, surtout quand le coucher de soleil s'en mêle… On ne se lasse pas d'aimer Paris.
Et, si le beau temps persiste, il est indispensable de filer plein ouest au bois de Boulogne qui, en dépit de son étiquette, est bien – comme Vincennes que nous avons quitté au chapitre quatre – le deuxième jardin de Paris.
On n'ose pas dire un « poumon »… Plutôt une oasis sportive et ludique.

There is no further need to introduce the tower which originally upset so many high minds, but also guided Lindbergh to the airstrip at Le Bourget in 1927, the Citroën advert acting as a bright beacon.
Once the subject of aesthetic discord, it is now the emblem of the city of light.
Quite unchanged.
In contrast the Chaillot hill has suffered for years from the lack of an overarching urban project. Inspired by Chateaubriand, Charles X built a show palace there to celebrate a victory against the Spanish rebels at Trocadero, near Cadiz.
We are stuck with this name, which disregards historical precedence and would be better suited to a brothel or a circus.
It should be the Chaillot hill, with its convent of course, its little port on the Seine and its hunting parties which explain the name of Porte de la Muette, a deformation (as is often the case) of 'meute', *or pack.*
Successive regimes have piled on renovation work, made countless additions and tunnelled into the hill, culminating in the 1937 Universal Exhibition.
The end result might have been visually disastrous. In fact it is surely a success, affording an infinite range of points of view over the capital, crossed by the glittering band of the Seine. I have to admit that the authors of the present work love to dine there, particularly when there is a good sunset. One never tires of loving Paris.
And if the good weather lasts, you must travel due west to the Bois de Boulogne, which despite its name – much as Vincennes visited in Chapter 4 – is actually Paris' second park, an oasis of greenery given over to sport and leisure.

<< p. 138 : Palais de Chaillot. *La Jeunesse* de Descatoires, au premier plan ; à l'arrière-plan, *Les Fleurs* de Marcel Gimond, élève de Bourdelle et Maillol. Plus de trente artistes ont travaillé pendant quatre ans pour ce conservatoire de la sculpture des années 30 : Bouchard, Belmondo, Niclausse, Desruelles, Auricoste, Jouve, Sarrabezolles, les frères Martel.

<< p. 138 : Palais de Chaillot. In the foreground Youth by Descatoires, then the Flowers by Marcel Gimond, a pupil of Bourdelle and Maillol. More than 30 artists worked for four years on this academy of 1930s sculpture: Bouchard, Belmondo, Niclausse, Desruelles, Auricoste, Jouve, Sarrabezolles and the Martel brothers, among others.

Saint-Germain-des-Prés. Le square Félix-Desruelles, à l'ombre de l'église-abbatiale : un mini square (1 500 m^2) créé en 1872, où jouent des bambins en liberté. Il abrite un des chefs-d'œuvre de Paris les mieux cachés le long du bruyant boulevard : le mur pignon est orné d'un portique en grès émaillé, très Art nouveau, l'hommage du sculpteur Jules Coutan à Bernard Palissy, le grand artiste de la Renaissance, près de sa statue.

Saint Germain des Prés. Square Félix Desruelles, a tiny square (1,500 sq m) opened in 1872, overshadowed by the abbey church, where children may freely play. It shelters one of Paris' best concealed treasures, so close to the noisy boulevard. The end wall boasts a very Art nouveau *portico with enamelled tiles, a tribute by the sculptor Jules Coutan to Bernard Palissy, the great Renaissance artist, close to his statue.*

ON EST VENUES TE DIRE
5 BIS

Rue de Verneuil. Pas très loin de Bernard Palissy, un autre hommage, très contemporain cette fois : les fans de Serge Gainsbourg ont totalement investi le mur de sa propriété, et multiplient tags et graffitis en l'honneur de l'homme à la tête de chou. Sa tombe au cimetière du Montparnasse est aussi l'objet d'un culte parfois fétichiste puisqu'on y dépose même des clopes de sa marque préférée.
Gainsbourg qui voulait être peintre a marqué son époque et celles qui suivent puisque ses admirateurs graffeurs sont souvent très jeunes. Enfant de la balle, son père est pianiste de bar et sa mère chante, il apprend la guitare et la boisson pendant son service militaire. Jusqu'à l'âge de trente ans, il vit d'expédients, tous en suivant les cours de Fernand Léger. Pianiste de bar comme papa, il devient aussi « crooner » ce qui lui permet de ne quitter ni son clavier, ni son verre. Il chante jusqu'au bout de la nuit. Et finit par découvrir Boris Vian qui passe au cabaret Milord l'Arsouille. C'est une révélation culturelle et le patron du cabaret l'oblige presque à monter sur scène. Pourtant c'est l'époque des yé-yé, il a trente-deux ans quand Françoise Hardy en a seize ! Il n'hésite pas à proclamer, alors que son premier disque plafonne à 1 500 exemplaires : « Je vais me lancer dans l'alimentaire et m'acheter une Rolls. »
C'est fait avec France Gall qui chante *Poupée de cire, poupée de son, Les Sucettes à l'anis*, tubes qui font le tour du monde. « Gainsbar » a sa Rolls, une Phantom I de 1928, mais n'aura jamais son permis.
D'ailleurs, il rentre souvent chez lui dans le car de police-secours…
Sa vie est un roman et un feuilleton à rebondissements. Il chante *La Marseillaise a capella* pour calmer les parachutistes venu le chambrer lors d'un gala, fait chanter Bardot sur sa Harley Davidson, mais aussi Mireille Darc et Isabelle Adjani. Il brûle la vie par les deux bouts et, sur scène, des billets de 500 francs ! S'inspirant de tous les genres, il reste toujours à la mode puisqu'il la précède.
Une cinquième crise cardiaque a raison de ce génie turbulent en 1991. Paris ne lui rend officiellement hommage qu'en juillet 2010, vingt ans après Clermont-Ferrand ! Son square a été inauguré à cette même date, à la porte des Lilas, lieu du cauchemar quotidien de son poinçonneur qui fut un de ses premiers succès. Gainsbourg n'était pas vraiment un habitué des espaces verts mais sa troisième femme, Jane Birkin, apprécie le geste : « Je pense que Serge aurait été bien content. »
Il est installé à jamais au-dessus du périphérique, entre deux mondes, entre deux vies, comme lui.

Rue de Verneuil. Not far from Bernard Palissy, here is another, much more contemporary tribute. Fans of Serge Gainsbourg have taken over the wall of his property, adding layers of graffiti in honour of 'cabbage-head'. His grave in Montparnasse cemetery is also a cult location, verging on fetishism at times with people leaving gifts of his favourite brand of cigarette. Gainsbourg, who wanted to be a painter, left an enduring mark and his scrawling admirers are often very young. A child of the entertainment world – his father was a piano player in a bar, his mother a singer – he learnt to play the guitar and drink during his military service. He scraped an existence till he was 30, while attending classes with Fernand Léger. A cabaret pianist like his father, he became a crooner too, enabling him to stick with his keyboard and his glass, singing all night. He finally ran into Boris Vian, who was playing at the cabaret Milord l'Arsouille. It was a revelation for Gainsbourg, but the proprietor almost had to force him onto the stage. This was the swinging 1960s and he was already 32, whereas Françoise Hardy was just 16. His first single sold 1,500 copies but he bragged: 'I'm going to go commercial and buy myself a Rolls.' He achieved that goal by writing several hits sung by France Gall, in particular Poupée de Cire, Poupée de Son, which won the Eurovision song contest in 1965. Gainsbourg bought himself a 1928 Phantom I but never passed his test. In fact all too often he came home in a Black Maria.
His life was the stuff of fiction, an endless succession of ups and downs. He once sang the Marseillaise unaccompanied to placate a bunch of parachute troops out to spoil the fun at a show, had Brigitte Bardot perform a song on a Harley Davidson, but also enrolled Mireille Darc and Isabelle Adjani. He burned the candle at both ends, famously immolating 500-franc banknotes on television. Finding his inspiration all over the place, he became an instant trend-setter, never out of fashion.
A fifth heart attack carried off this unruly in 1991. Only in 2010 did Paris officially pay tribute to him, 20 years after Clermont-Ferrand! His square was renamed in July, at Porte des Lilas, a place forever associated with the ticket collector in one of his first hits.
Gainsbourg did not spend much time in parks but his third wife, Jane Birkin, welcomed the gesture: 'I think Serge would have been pleased.' So here his memory will live on true to form, straddling the ring road, torn between two worlds and two lives.

Le musée d'Orsay. La gare du chemin de fer d'Orléans est inaugurée pour l'Exposition universelle de 1900. Mais dès 1939, elle ne dessert plus que la proche banlieue. En 1958, elle est désaffectée et sert de salle de spectacles. Le président Giscard d'Estaing lance le projet d'un musée consacré uniquement au XIXe siècle, que va inaugurer François Mitterrand en 1996, après treize ans de travaux.

Musée d'Orsay. The Orléans Railway station opened for the Universal Exhibition of 1900 but by 1939 trains were only running to nearby suburbs. By 1939 trains only ran to the south-eastern suburbs and in 1958 it was decommissioned, becoming a theatre. President Giscard d'Estaing launched the idea of a museum devoted exclusively to the 19th century and François Mitterrand opened it in 1996, after 13 years' work.

Rue de Babylone, le cinéma *La Pagode*. Né d'un délicieux caprice, d'abord salle de théâtre, il est désormais le cinéma le plus exotique de la capitale. Programmation raffinée, accueil incomparable, car des guéridons accueillent les spectateurs dans un décor chinois qui en fait un lieu incontournable. Souvent menacé mais protégé par un propriétaire pugnace.

Rue de Babylone, La Pagode cinema. This started as a marvellous whim, first as a theatre, now the capital's most exotic movie palace. Excellent choice of films, incomparable service with comfortable seats for film buffs in an oriental decor. Not to be missed. Often under threat but protected by a pugnacious owner.

Les Invalides, vus de la tour Montparnasse. L'angle large permet de découvrir cette « ville » pour les soldats, voulue par Louis XIV. Le dôme, recouvert d'or, beaucoup plus haut que l'Arc de Triomphe, est un « soleil » visible de tout Paris. Les quatre musées viennent d'être réaménagés, les splendides collections sont mises en valeur et l'histoire contemporaine est désormais abordée avec toute la séduction des nouvelles technologies. Le général de Gaulle aimait tellement les Invalides qu'il avait pensé en 1959 y transférer le siège de la présidence de la République. Il y a désormais son musée.

Les Invalides, from Tour Montparnasse. The wide angle catches most of this 'town' for soldiers sponsored by Louis XIV. The gilded dome, rising higher than the Arc de Triomphe, catches the light and can be seen all over Paris. The four museums have just been reorganized, the better to reveal their splendid collections. Contemporary history is now addressed with all the charm of new technology. General de Gaulle so liked Les Invalides he considered moving the seat of the presidency here in 1959. It is now home to his museum.

Les Invalides, vus cette fois du jardin du musée Rodin, situé de l'autre côté du boulevard des Invalides. Une sculpture (exposition temporaire) semble jouer avec la flèche du dôme.

Les Invalides, from the garden of Musée Rodin, the other side of Boulevard des Invalides. A sculpture (in a temporary exhibition) seems to toy with the spire on the dome.

Musée d'Art moderne de la Ville de Paris, 11, avenue du Président-Wilson.
La porte de bronze doré est de Raymond Subes qui est le ferronnier de l'ensemble du palais de Chaillot. Le couple est de Laszlo Szabo, sculpteur fécond, d'origine hongroise. Édifié pour l'Exposition universelle de 1937, le musée n'a vraiment fonctionné qu'à partir de 1961.
Sa terrasse face à la Seine est particulièrement accueillante.

Musée d'Art Moderne, operated by Paris City Council, at 11 Avenue du Président Wilson. This gilded bronze door is by Raymond Subes, who did all the ironwork on Palais de Chaillot. The two figures are by Laszlo Szabo, a prolific Hungarian sculptor. Originally built for the 1937 Universal Exhibition, the museum was rarely open until 1961.
The terrace overlooking the Seine is a particularly pleasant spot.

Immeuble Art nouveau, 29, avenue Rapp, très influencé par le célèbre Guimard et ses entrées de métro. Cette façade de l'architecte Jules Lavirotte a été primée en 1901 au concours de la Ville de Paris.

Art nouveau building at 29 Avenue Rapp, heavily influenced by the illustrious Guimard and his Métro entrances. This façade, designed by the architect Jules Lavirotte, was awarded a prize in 1901 by the City Council.

Maison La Roche, 8-10, square du Docteur-Blanche. La galerie d'exposition.
Œuvre de Le Corbusier (1923/1925) pour le collectionneur et mécène suisse Raoul La Roche.
C'est le début d'une série exceptionnelle de maisons expérimentales.
Elle vient d'être restaurée et a retrouvé les couleurs prévues par l'architecte, notamment le terre de Sienne naturel pâle que l'on a longtemps pris pour du blanc. La polychromie expérimentale est le lien entre les deux univers de l'artiste : la peinture et l'architecture.

La Roche house, 8-10 Square du Docteur Blanche. View of the gallery.
The house was designed by Le Corbusier (1923-25) for the Swiss art collector and patron Raoul La Roche.
It marked the start of a series of exceptional experimental houses.
This one has just been restored, with the colour scheme originally planned by the architect, in particular the pale sienna, long assumed to be white.
Experimental use of multiple colours links the worlds of painting and architecture which the artist explored.

Palais de Chaillot. Ombres chinoises sur échiquier géant.

Palais de Chaillot. Chinese shadow play on a giant chess board.

Jardins Albert-Kahn, à Boulogne. Encore bien cachés, jusqu'à ce qu'une entrée par le quai de la Seine les rende bientôt plus accessibles. Les deux jardins japonais ont été dessinés par le spécialiste nippon Fumiaki Takano. L'ensemble a été voulu en 1920 par le mécène et collectionneur Albert Kahn fasciné par l'Extrême-Orient. Il finance d'extraordinaires campagnes photos dans le monde entier et y laisse sa fortune mais nous lègue ce trésor. Les expositions temporaires sont toujours passionnantes.

Albert Kahn gardens, in Boulogne-Billancourt. Still well hidden until an entrance on Quai de la Seine, soon to be built, makes them more accessible. The two Japanese gardens were designed by the landscaper Fumiaki Takano. The work was commissioned in 1920 by the art collector and patron Kahn, who was fascinated by the Far East. He funded extraordinary photographic expeditions all over the world, leading to his ruin, but left us this treasure. The temporary exhibitions here are always excellent.

LA VOIE TRIOMPHALE

Du Louvre à l'Arc de Triomphe et la Défense

«Paris ne s'est pas fait en un jour», dit l'inusable proverbe. Cette voie triomphale en est la preuve. La perspective inouïe qui va de l'arc de triomphe du Carrousel, le plus petit (14,50 m), à l'arche de la Défense, en passant sous la voûte de l'arc de triomphe de l'Étoile, le plus grand (50 m), n'est pas un projet cyclopéen né d'un cerveau visionnaire. Quand Charles V a fermé le Louvre, sombre forteresse, personne ne pensait à un axe glorieux vers le couchant.

Quand François Ier le magnifique a demandé à Pierre Lescot d'ouvrir la courtine pour faire un palais à la mode italienne, personne ne voyait plus loin, pas même Catherine de Médicis qui a fermé la perspective potentielle avec le château des Tuileries. Juste après l'enceinte de Paris. Deux cent cinquante ans plus tard, la place de la Concorde est née «par ordre du roi» Louis XV. On se bouscule sur la promenade des Champs-Élysées : Paris, étriqué dans ses vieilles rues, puantes et obscures, s'amuse désormais vers l'ouest. Le Louvre s'est prolongé et embelli. Napoléon y plante l'arc du Carrousel, copie conforme des arcs romains. Mais il décide d'en quintupler le volume classique pour qu'il soit vu du monde entier !

La colline de Chaillot, point culminant plus accessible que Montmartre aux pentes trop raides, est donc élue.

Waterloo étant trop près d'Austerlitz, l'empereur ne verra donc jamais le monument terminé, qui a été inauguré à la hâte derrière des toiles peintes.

Décor de théâtre… Comme on fait aujourd'hui pour cacher des travaux de rénovation sur les façades historiques. Mais l'élan est donné, par-delà une place Maillot ouverte à tous les vents et qui ne ressemble à rien, que François Mitterrand va conclure avec cette arche d'une audace inouïe, d'une légèreté confondante, qui respecte ce qui a été fait et qui prévoit l'avenir. La Défense, capitale du troisième millénaire, n'est pas une fin en soi, c'est une étape dont on sous-estime les beautés. La République triomphale continue roi et empereur.

En 2010, les Champs-Élysées ont retrouvé leur fonction première voulue par les Parisiens : ce ne sont jamais les urbanistes qui décident, c'est la foule qui consacre, elle qui boude à juste titre les parvis désertiques et ventés de Beaugrenelle ou de

VICTORY PARADE

The Louvre to the Arc de Triomphe and La Défense

'Paris was not built in a day', as the saying goes, witness this triumphal passage. The extraordinary sequence of views reaching from the Carrousel triumphal arch (the smallest of the three at 14.5 m) to the Grande Arche, via the Arc de Triomphe (the largest at 50 m) is not the gigantic achievement of a single visionary. When Charles V built a wall to enclose the sombre fortress of the Louvre, no one thought of building an avenue towards the west.

When François I asked Lescot to breach the battlements to make a palace in the Italian style, no one had any further plans, not even Catherine de Medici who blocked the potential view with the Tuileries palace, just outside the city wall. Two centuries later Place de la Concorde was laid out, by order of the king Louis XV, and it became fashionable to stroll on the Champs Elysées. Paris, cramped in its dark, old streets, moved west, away from the stench.

The Louvre was extended and embellished. Bonaparte built the Carrousel arch, faithfully copying the Corinthian model. He also decided to build another arch five times as large as the original, so everyone could see it.

The Chaillot hill was chosen, as being more accessible than Montmartre, regarded as too steep.

Waterloo came too soon after Austerlitz so Napoleon never saw it finished. It was officially opened behind a painted screen, much as we now hide renovation work on historic buildings.

But the impetus was there, reaching beyond a featureless Place de la Porte Maillot, open to the four winds, to its conclusion, by order of François Mitterrand, at the Grande Arche which, with its daring featherweight structure reconciles past and future developments.

La Défense business district, a capital for the third millennium, is not an end in itself, just a stage, the beauty of which is currently underestimated.

The republic, triumphant, continues the work of past rulers.

In 2010 the Champs Elysées regained its initial purpose, which is what Parisians wanted. It is not for planners to decide, but for the populace to invest, the same folk

la BNF et plébiscite les Champs nouvelle manière. Paris a choisi les Champs sous Louis XV : fêtes, bals, restaurants, attractions, bosquets propices.
C'est redevenu vrai aujourd'hui puisque les trottoirs, remodelés en esplanades plantées de terrasses affriolantes, sont rendus aux piétons, que les voitures sont cachées sous terre.
Les Champs sont un lieu de vie, sur ses deux rives : les enseignes de Lenôtre, Vuitton, Cartier ou du Fouquet's, qui claquent au vent, sont des blasons qui fleurent bon le succès ; les firmes automobiles ont mis en scène dans d'étonnantes vitrines l'innovation ; tous perpétuent la vocation première du lieu, la tradition. Chacun veut s'y implanter en dépit d'un prix du mètre carré digne de Hong-Kong ou de Manhattan. La preuve, les Chinois arrivent.
Les Champs offrent aussi des ouvertures vers des sites comme le musée Galliera ou les tables gourmandes de la rue d'Artois. Le rond-point est enfin équipé à neuf, direction les Grand et Petit Palais, l'avenue Montaigne, les galeries de peinture de l'avenue Matignon. Les Champs ne sont pas une direction, avec ce que cela suppose d'obligatoire, c'est une proposition. À vous de choisir.
La plus belle avenue du monde, qui mérite mille fois son nom, invente toujours des attractions.
En mai dernier, elle est devenue un jardin fleuri de quelques dizaines d'hectares. Pour deux jours. Une autre fois, c'est un champ de blé. Demain, une arrivée du Tour de France. L'imagination est toujours au pouvoir.

who rightly avoid the windy wastes of the Beaugrenelle mall or the National Library and welcome the revamped Champs. Paris first chose this spot under Louis XV, flocking here to eat, drink, party and frolic in the convenient undergrowth.
They have now returned, drawn by the spacious redesigned sidewalks from which the cars have vanished underground. Both sides of this great avenue are full of life. Eye-catching big names such as Lenôtre, Vuitton, Cartier, Fouquet's speak of success. Astonishing car showrooms vie for attention, vaunting innovation, yet perpetuating tradition, the original purpose of the place. Everyone wants a piece of the action despite eye-watering property prices on a par with those in Hong Kong or Manhattan. To prove the point the Chinese are moving in.
The Champs Elysées also opens onto other attractions such as Musée Galliera or the fine restaurants in Rue d'Artois.
In passing the Rond Point theatre has been modernized, but we must press on to the Grand and Petit Palais, Avenue Montaigne, the art galleries and Avenue Matignon. The Champs Elysées is not a goal in itself, with some sense of obligation, more a suggestion. It is up to you to choose.
The world's most beautiful avenue, worthy of this name a thousand times over, is constantly inventing new attractions.
Last May, for two days, it became a flower garden sprawling over several dozen hectares. On another occasion it was a wheat field. Soon the Tour de France will be finishing here. Imagination still rules.

<< p. 154 : La Défense. Nouvelle capitale de l'Europe du XXIe siècle, elle s'inscrit dans la croissance de Paris : la tour Eiffel est encore présente même si elle est à 8 km !
Paris la Défense, Tour Gan Eurocourtage, travaux de restructuration de la tour CB31 (ex-AXA), la tour Montparnasse, la tour Eiffel, la passerelle Iris et la tour Iris.

<< p. 154 : Paris la Défense. The new capital of Europe for the 21st century and an integral part of the city's growth, with the Eiffel tower in view, albeit eight kilometres away!
Paris la Défense, Gan Eurocourtage tower, restructuring work on CB31 (formerly AXA) tower, Tour Montparnasse, Tour Eiffel, Iris footbridge and tower.

La voie triomphale vue de la grande roue :
la plus belle avenue du monde conduit à l'Arc de Triomphe,
de la Concorde de Louis XV au mausolée-temple géant voulu par Napoléon.

The victory parade seen from the Big Wheel.
The world's most beautiful avenue leads to the Arc de Triomphe,
from Louis XV's Concorde to the giant temple-cum-mausoleum hatched by Napoleon.

Le Louvre et la butte Montmartre, vus de la tour Montparnasse.
La Seine est invisible et la densité de la capitale est renforcée :
sept kilomètres séparent quand même la tour géante du Sacré-Cœur.
Une somptueuse randonnée.

*The Louvre and Butte Montmartre, from Tour Montparnasse.
The Seine is invisible and the capital looks even denser, but the giant
tower and the Sacré Coeur are actually seven kilometres apart.
A superb hike.*

Louvre. Copiste installée devant son chevalet.
Ils sont une centaine travaillant régulièrement,
réalisant près de 600 copies chaque année.

The Louvre. A copier at his easel.
About 100 work here on a regular basis,
producing some 600 reproductions a year.

Louvre. Le déménagement du ministère des Finances a permis de repenser totalement le « vieux » musée. Il s'est ouvert, il est devenu transparent et l'on peut même profiter de ses merveilles en étant simple promeneur dans le passage Richelieu, à toute heure.

The Louvre. When the Ministry of Finance moved out, it left room to completely rethink the old museum. It opened out, gaining in transparency, and even just strolling past we can take advantage of its marvels in Passage Richelieu, day and night..

Louvre. Dans le labyrinthe des jardins du Carrousel, on découvre de vraies fées… celles de Maillol. 18 sculptures léguées en 1963 par Dina Verny le modèle préféré de Maillol. Elles se nomment *Baigneuse drapée, Vénus, Pomone, Nymphe, Flore, Jeune fille se coiffant*, etc. C'est donc un musée-jardin Maillol qui donne un accès immédiat et sensuel aux chefs-d'œuvre du maître de Banyuls.
Elles sont à notre hauteur, dans un cadre de verdure inséré dans le Louvre. Ainsi est respecté le vœu le plus cher de Maillol : « Qu'on me livre un jardin, un grand jardin, et je le peuplerai de statues. »

The Louvre. In the labyrinth of the Carrousel gardens there are real fairies, 18 sculptures by Maillol, bequeathed in 1963 by Dina Verny, the artist's favourite model. They bear names such as Draped Bather, Venus, Pomona, Nymph, Flora or Girl Doing her Hair. This garden museum thus affords us an immediate, sensual introduction to the work of the sculptor from Banyuls.
Lifesize figures in a garden belonging to the Louvre they fulfil Maillol's dearest wish: 'Give me a large enough garden and I will people it with statues.'

Louvre. La pyramide de Ieoh Ming Pei. Elle a changé la vie et la vue des visiteurs depuis 1986. C'est un diamant sans pareil quand y jouent le coucher du soleil, puis les lumières électriques qui deviennent autant de lucioles. Elle protège une entrée qui nous fait descendre au pays des merveilles… sur un tapis roulant.

The Louvre. Pyramid of Ieoh Ming Pei. It has changed the existence and visual perception of visitors since 1986. A giant diamond, it reflects the rays of the setting sun then catches the city lights like countless glow-worms. It protects an entrance which takes us down into wonderland on a flying carpet.

Arc de triomphe du Carrousel. 14,60 mètres de hauteur. Napoléon le trouve mesquin quand il l'inaugure en 1808 après seulement deux ans de travaux dirigés par Percier et Fontaine. C'est pourtant une copie conforme de l'arc de Constantin, d'une parfaite élégance, plus fidèle qu'inspiré. C'est la première borne éclatante de la voie triomphale qui conduit à l'arc de triomphe de l'Étoile puis à la Défense.

Arc de Triomphe du Carrousel. When Napoloeon opened it in 1808, after only two years' work directed by Percier and Fontaine, he found it rather small. In fact it is an exact replica of the arch of Constantine in Rome, also 14.6 metres high. It is perfectly elegant if not exactly inspired, the first key milestone on the victory parade leading to the Arc de Triomphe, at Place de l'Etoile, then on to La Défense.

Arc de triomphe du Carrousel. On passe trop souvent sans les voir
devant les statues d'un réalisme peu fréquent.
Huit colonnes corinthiennes de marbre rouge.
Le quadrige est obligatoire pour un hymne à la gloire d'un conquérant.
Mais, puisque Louis XVIII a rendu les Chevaux de Saint-Marc
qui avaient été volés à Venise, il a fallu les remplacer en 1828
par l'attelage de François-Joseph Bosio :
le vainqueur est encadré par la Gloire et la Renommée.

*Arc de Triomphe du Carrousel. These remarkably realistic statues
deserve a good look, as do the eight Corinthian columns of red marble.
The four-horse chariot is mandatory when glorifying a conquering hero.
But Louis XVIII having returned the four horses, stolen from
the basilica of St Mark in Venice, they had to be replaced.
The present team is the work of François-Joseph Bosio (1828).
Glory and Fame stand on either side of the conqueror.*

Place de la Concorde. Les fontaines sont ajoutées par Hittorff, l'architecte qui sera celui de la gare du Nord, dans un style vaguement oriental en accord avec la sobriété de l'obélisque (1836) et inaugurées en 1840. Elles entourent l'obélisque un peu maigrelet et célèbrent la navigation fluviale (côté rue Royale), avec le Rhin et le Rhône, et la navigation maritime (côté Seine), avec la Méditerranée et l'Océan. Les colonnes rostrales portent la proue de la nef de Paris, celle qui tangue mais ne chavire pas.

Place de la Concorde. The fountains were added by the architect Hittorff – who also designed the Gare du Nord – in a vaguely oriental style to match the sobriety of the obelisk (1836) and opened in 1840. They surround the obelisk, celebrating inland (on the Rue Royale side), with the Rhine and the Rhône, and seagoing navigation (on the Seine side), with the Mediterranean and the Atlantic. The beaked columns carry the prow of the ship of Paris, which rocks but never capsizes.

D·O·M·S·B·INVOC·S·M·MAGDALENAE

La Concorde : l'obélisque. Le vice-roi d'Égypte, Mehemet Ali, en avait donné deux, mais le second cadeau est resté en Égypte. Louis-Philippe ne voulait surtout pas d'un signe politique trop fort qui puisse gêner les sensibilités à fleur de peau. Au milieu de la place, ni statue équestre, ni monument « à la gloire de », mais un signe graphique : 43 mètres, 64 tonnes. 200 000 spectateurs assistent à son érection solennelle le 25 octobre 1836. Huit statues représentant les huit grandes villes de France, cantonnent la place. Triomphe de l'allégorie louis-philipparde.

Place de la Concorde. The pasha of Egypt, Mehemet Ali, originally gave France two obelisks but the second one stayed in Egypt. Louis-Philippe did not want too powerful a political gesture for fear of upsetting anyone. At the centre of the square there would be neither an equestrian statue nor a memorial for some hero, but a graphic sign, 43 metres high and weighing 64 tonnes. Two hundred thousand spectators watched as it was raised on 25 October 1836. Eight statues representing France's largest towns surround the square in an emblematic triumph of allegory.

Pont Alexandre-III et le Grand Palais.
Sous le pont est installée une des plus grandes boîtes de nuit de Paris.
Et l'espace festif nocturne doit encore s'agrandir.
Le Grand Palais dont la vocation n'a jamais été très précise, initialement « consacré par la République à la gloire de l'art français », devient un lieu de rendez-vous mondain, sous une verrière éblouissante.
Naguère, il avait la réputation d'être « propre à tout et bon à rien ».
En vérité, il est parfaitement adaptable aux caprices du XXIe siècle tout en restant un formidable témoin de son époque 1900.

Pont Alexandre III and Grand Palais.
One of the largest nightclubs in Paris is located under the bridge.
There will soon be even more space for fun.
The purpose of the Grand Palais has never been entirely clear.
Originally 'devoted by the Republic to the glory of French art', it has become a fashionable meeting place with its dazzling glass canopy.
Once regarded as 'suited to everything yet good for nothing', it could very well adapt to 21st century whims and remain a lasting testimony to the Belle Epoque.

Deux géants de l'histoire au rendez-vous des Champs-Élysées. Deux œuvres de Jean Cardot, membre de l'Institut. Devant le Grand Palais, très haut perché, Charles de Gaulle marche du pas martial qu'il avait quand il a descendu les Champs-Élysées, dans Paris libérée, le 27 août 1944. Winston Churchill, dans l' uniforme de l'armée britannique qu'il portait ici même le 11 novembre 1944, bien qu'il se préfère en tenue d'officier de marine, est installé devant le Petit Palais depuis janvier 1998. Il incarne la farouche résistance de son peuple contre Hitler. En le sculptant, dit l'artiste, je n'ai cessé d'entendre sa voix à la radio le 4 juin 1940 : « Nous ne nous rendrons jamais ! » De Gaulle a dit de Churchill : « Il a été le grand champion d'une grande entreprise et le grand artiste d'une grande Histoire. » À cent mètres du « vieux lion », veille Clemenceau, « le Tigre », installé depuis 1932 : le troisième géant. Churchill et Clemenceau se sont bien connus pendant la Grande Guerre.

Two major historical figures meet on the Champs Elysées, in two works by Jean Cardot, a member of the Institut de France. High up, in front of the Grand Palais, Charles de Gaulle steps out much as he did when he walked down the Avenue on 27 August 1944 at the Liberation of Paris. Winston Churchill sports the same army uniform he wore here on Remembrance Day 1944, though he preferred naval garb. He has stood outside the Petit Palais since January 1998, the embodiment of fierce British resistance to Nazism. As he was doing this piece, the artist explained, he kept hearing that speech on 4 June 1940: 'We shall never surrender.' De Gaulle once said of Churchill: 'He was the great champion of a great enterprise and the great artist of a great history.' Another key figure, Clemenceau, the Tiger, has stood nearby since 1932. Churchill and Clemenceau became acquainted during the first world war.

Paris la Défense, « Japan Bridge » de Kisho Kurokawa.
L'architecte japonais Kisho Kurokawa, en charge de sa conception, a souhaité faire une référence explicite à la courbe des ponts japonais traditionnels mais en développant une structure contemporaine. Le tablier en acier est suspendu à deux arcs de franchissement d'une portée de 106 m.

Paris la Défense, Kisho Kurokawa's Japan Bridge. In designing this structure Kurokawa wanted an explicit reference to the curvature of traditional Japanese bridges, but as part of a contemporary construction. The steel apron is suspended from two arches spanning a 106-metre gap.

Paris la Défense, la « cheminée » de Raymond Moretti
Construite en 1990, ce système d'aération haut de 32 mètres est composé de six cent soixante-douze tubes.

Paris la Défense: La Cheminée by Raymond Moretti.
Built in 1990 this ventilation system, 32 metres tall, consists of 672 tubes.

Paris la Défense, tours CB16, AIG, Dexia vues depuis la tour Gan.

Paris la Défense, the CB16, AIG and Dexia towers from the Gan tower.

Paris la Défense, sous l'Arche de la Défense et le CNIT
(la plus grande voûte autoportante du monde).

Paris la Défense, below the Arche de la Défense and the CNIT conference centre (the world's biggest self-supporting vault).

Paris la Défense, le quartier d'affaires de Paris
La place de la Défense. Le médaillon, Mastaba.

*Paris la Défense, the capital's new business district.
Place de la Défense. Mastaba medallion.*

Inaugurée le 14 juillet 1989, à l'occasion des festivités du bicentenaire de la Révolution française, lors du sommet des chefs d'État, la Grande Arche fait partie de la politique de grands travaux du président François Mitterrand.
Projet de l'architecte danois Johan Otto von Spreckelsen et de l'ingénieur Erik Reitzel, le premier décide de se retirer, laissant sa place à Paul Andreu qui achèvera le monument.

The Grande Arche was opened on Bastille Day 1989, coinciding with the bicentenary of the French Revolution and a Group of Seven summit meeting. The Grande Arche was part of President Mitterrand's policy of major building projects. Original design by the Danish architect Johan-Otto von Spreckelsen and the engineer Erik Reitzel. Von Spreckelsen decided to withdraw, leaving it up to Paul Andreu to complete the job.

LA ROUTE DE LA SOIE

Du Palais-Royal au parc Monceau

L'histoire fait toujours des pieds de nez. Le palais dit royal n'a jamais été royal. Ce fut celui du cardinal de Richelieu qui l'a légué au petit Louis XIV pour éviter des ennuis posthumes avec le fisc. Louis le donnera très vite à son frère, Philippe d'Orléans, le très fardé et le très débauché. Dans sa partie nord, toujours engoncé dans des rues préservées, le Palais-Royal représente le mélange des genres qui a présidé aux embellissements de Paris.
Le roi avait parfois du mal à exproprier quelques bicoques pour parfaire un alignement au Louvre. Haussmann a été autrement expéditif !
Et c'est cette branche si douée pour les loisirs qui en fera ce qu'il est aujourd'hui, les petites femmes en moins. Et ce sont encore les Orléans, branche cadette qui ne régnera qu'avec Louis-Philippe, qui inventeront le parc Monceau.
La route de la soie leur doit beaucoup. Précisons quand même qu'on y trouve une pagode, tellement jolie qu'on la croit vraie.
Le Palais-Royal, haut lieu de la mode et de la fête, est le point de départ légitime d'une route de la soie, ainsi dénommée parce que la rue du Faubourg-Saint-Honoré draine aujourd'hui toutes les merveilles du monde. Il est donc légitime qu'Hermès, dieu du commerce et des voyages, l'ait choisie pour y poser sa marque. Tout se passe comme si toutes les caravanes venues du bout du monde y déposaient leurs trésors. Ce n'est plus une rue, c'est une vitrine de mille huit cents mètres de long, interrompue seulement par l'ambassade d'Angleterre, le Cercle Interallié, le palais de l'Élysée et le ministère de l'Intérieur. Très vite, les vitrines reprennent le pouvoir. C'est proprement indescriptible, on feuillette les pages de *Vanity Fair*.
Mais c'est aussi une ouverture vers l'Opéra Garnier, dans ses habits neufs, vers la Madeleine, sans doute plantée trop bas pour faire l'effet du Parthénon, mais qui est au cœur d'un caravansérail Hédiard - Fauchon - Maison de la truffe - Senderens qui affole les papilles. Et qui recèle des rues discrètes bourrées de charme.
C'est aussi Saint-Augustin, église sous-estimée qui est pourtant la première en béton préfabriqué et poutrelles de fer, point d'orgue d'un carrefour complexe qui est une vraie place.

THE SILK ROAD

Palais Royal to Parc Monceau

History tends to mock our pretension. The Palais Royal was never royal, but belonged to Cardinal Richelieu who left it to Louis XIV to avoid trouble with the exchequer. Louis soon gave it to his younger brother Philippe d'Orléans, who liked dressing up and debauchery. The northern end of the building, still surrounded by well preserved streets, displays the mixture of styles typical of much of Paris.
The king sometimes had difficulty dispossessing a few owners to obtain a straight line, even at the Louvre. Haussmann was much more direct in his dealings.
We owe the palace in its present state – but for the loose women who have disappeared – to the leisure-oriented branch of the family. Again it was the Orleans family, which only attained the throne with Louis-Philippe, which laid out the Parc Monceau.
Our silk road owes a great deal to them. We should add that it includes a pagoda, so pretty you might think it genuine.
The Palais Royal, a pinnacle of fashion and festivity, is an appropriate starting point for the silk road, thus styled because Rue du Faubourg Saint Honoré now purveys all the wonders of the world.
So Hermès, the god of trade and travel, has legitimately chosen to leave his mark.
It is as if all the caravans arriving from the end of the Earth had unloaded their treasures here.
This is no longer a street, rather a shop window some 1,800 metres long, only interrupted by the British Embassy, the Cercle Interallié, the Elysée palace and the Ministry of the Interior.
The dazzling displays soon regain the upper hand.
It is quite simply indescribable, like leafing through the pages of Vanity Fair.
But the Palais Royal also leads to the old opera house in its new apparel and the Madeleine. The church is certainly set too low to look like the Parthenon, surrounded by a wealth of temptations from such as Fauchon or Sainderens to excite our taste buds.
Here too are a host of charming little streets, and Saint Augustine church, sadly underestimated but nevertheless the first to be built of steel and reinforced concrete.
It is the key feature of a complex crossroads and a real square.

Plus à l'ouest, le parc Monceau est si intime qu'on le croirait presque réservé aux riverains, mais c'est un jardin conçu par le maître des loisirs chics, le duc d'Orléans, encore un Philippe (Égalité), père de Louis-Philippe, premier et dernier «roi des Français». La colonnade antique, pour faire mode (en 1778), est si réussie qu'on a l'impression qu'elle est là depuis Alcibiade, symbole de ces cocktails stylistiques qui parsèment l'ancienne propriété princière. Les deux musées Cernuschi et Camondo sont remarquables. Camondo fut le dernier successeur des princes du sang dont il a réduit le périmètre pour en faire un «lotissement» de rêve.

Vu des fenêtres de la cuisine Camondo, le parc est une bouffée d'histoire aussi inattendue que bien venue.

Dernier rendez-vous, trop souvent escamoté, la place du Général-Catroux est aussi une sorte de jardin où l'on rencontre Sarah Bernhardt, dans les plissés de Phèdre, les Dumas père et fils en majesté avec leurs héros emblématiques, et quelques monuments, pastiches volontaires, sortis tout droit d'un ouvrage de Gustave Doré. Ce n'est plus du dépaysement, c'est une plongée dans la Belle Époque, qui donne envie de héler un fiacre…

Further west Parc Monceau is so private you might think it was reserved for local people. In fact it was designed by that master of chic leisure, Philippe d'Orléans, Duke of Chartres and close to Louis-Philippe, France's first and last 'citizen king'. The colonnade – the height of fashion in 1778 – looks so authentic it might have been there since Roman times. It is typical of the stylistic cocktails found all over the prince's former property.

The two museums – Cernuschi and Camondo – are remarkable. Completing the work of princes, Camondo halved the size of the park to make a dream property development. From his kitchen windows the gardens offer an unexpected yet welcome breath of history.

Our last port of call, too often neglected, is Place du Général Catroux, also a kind of garden where one may imagine meeting Sarah Bernhardt, rehearsing Phèdre, Dumas père et fils *in majesty with their emblematic heroes, and several monuments, deliberate pastiches taken straight out of a book by Gustave Doré.*

This is not just a change of scene, it plunges you head first into the Belle Epoque. Time we called a fiacre.

<< p. 178 : Rue de Courcelles, au coin de la rue Rembrandt.
C'est la seconde hallucination chinoise de Paris avec le cinéma La Pagode.
Galerie d'un antiquaire. Un rêve de Pierre Loti ou de Simon Leys…

*<< p. 178 : Rue de Courcelles, on the corner of Rue Rembrandt.
An antique dealer's gallery and the second Chinese hallucination in Paris after the Pagoda, dreamt up by Pierre Loti or Simon Leys.*

Les jardins du Palais-Royal. L'allée de tilleuls reproduit le rythme de la colonnade de l'architecte Louis. Le jardin et ses fontaines sont vécus comme un vrai square municipal dans un décor vraiment royal. Désormais lieu d'expositions temporaires. Siège du ministère de la Culture, le mieux logé de Paris.

Palais Royal gardens. The Allée de Charmes echoes the rhythm of the colonnade by Louis the architect. We experience the garden and its fountains like a municipal square set in a royal decor. Now a venue for temporary exhibitions and seat of the Ministry of Culture, with the finest accommodation in Paris.

Le Palais-Royal. Galerie de Montpensier. On doit cette merveille aux dettes de Philippe d'Orléans, cousin de Louis XVI. Pour se renflouer, le duc fait construire autour de son grand jardin 60 pavillons à trois étages, qu'il loue pour payer ses frasques. Les galeries abritent des boutiques éclairées par 180 arcades. La nuit, on allume un réverbère par arcade, on y voit comme en plein jour jusqu'à deux heures du matin.

Palais Royal. Galerie de Montpensier. We owe this marvel to the debts incurred by Philippe d'Orléans, Louis XVI's cousin. To recoup his losses the duke had 60 three-storey units built round the garden then rented them out. The galleries house shops lit by 180 arcades. At night there is a lamp in each arcade, so it is as bright as day till two in the morning.

Le Palais-Royal. Sous Louis-Philippe qui l'occupe avant d'être roi,
les galeries de bois sont démolies, les abords nettoyés,
il est déjà tel qu'on le voit actuellement.
Son bibliothécaire est un certain Alexandre Dumas.
Quand Napoléon III confisque le palais pour sa famille, il donne au caricaturiste
Daumier l'occasion de faire un bon mot en pastichant Hugo :
« C'est le premier vol de l'aigle. »
Les boutiques et les restaurants garantissent une visite plaisante et un séjour animé.
Grand Véfour pour la table et théâtre du Palais-Royal pour le spectacle, vous attendent.

*Palais Royal. Under Louis-Philippe, who lived here before he was king,
the wooden galleries were demolished and the area cleared, much as we see it today.
His librarian was a certain Alexandre Dumas.
When Napoleon III confiscated the palace for his family,
the cartoonist Daumier responded with a pun that also mocks Victor Hugo:
'Such is the eagle's first flight/theft'.
The shops and restaurants are always agreeable and lively.
Treat yourself to a meal at the Grand Véfour and a show at Théâtre du Palais Royal.*

Place Vendôme et sa colonne de 43 mètres qui devait s'appeler colonne d'Austerlitz puisqu'elle a été fondue avec les centaines de canons pris le 2 décembre 1805 aux Austro-Russes. Elle garde à jamais le nom de César de Vendôme, un bâtard d'Henri IV, propriétaire du premier hôtel sur le site à venir. Un écrin de 213 m sur 124 m, conçu par Louvois qui édifie les façades et vend le reste. La place est destinée à faire valoir la statue de Louis XIV en toge romaine installée en 1699. La Révolution transforme le roi guerrier en canon. Napoléon III installe son oncle au sommet, toujours en toge.

Place Vendôme and its 43-metre column, first intended to commemorate the battle of Austerlitz. It was cast using hundreds of Austrian and Russian guns captured on 2 December 1805. The square owes its name to César de Vendôme, a bastard son of Henri IV, who owned the first mansion on this lot. Louvois produced the master plan, 213 metres long and 124 wide, built the facades and sold the parcels. The square was designed as a backdrop for a statue of Louis XIV in a toga, erected in 1699. The warrior king was turned into guns during the Revolution. Napoleon III put his uncle at the top of the column, also wearing a toga.

Le Palais-Royal. La fontaine de Pol Bury prend toute sa valeur quand le soleil fait scintiller les boules d'acier et les transforme en heaumes étincelants. Le sculpteur belge a passé les vingt dernières années de sa vie à des variations sur ces fontaines toutes plus surprenantes les unes que les autres : le spectateur participe car son imagination est stimulée.

Palais Royal. The Pol Bury fountain really comes alive when the sun catches the steel balls and turns them into glittering helms. The Belgian sculptor spent the last 20 years of his life making variations on these extraordinary fountains. Our imagination stirred, we are drawn into the spectacle.

La cathédrale Saint-Alexandre-Nevsky, 12, rue Daru.
Alexandre Nevsky, Grand Prince de Russie, vainqueur des chevaliers Teutoniques, est devenu moine à la fin de sa vie.
L'un des saints les plus populaires de Russie.
Édifice classé monument historique en 1983.
Le cœur russe de Paris y bat très fort car la communauté est très vivante.

Saint Alexander Nevsky's cathedral, 12 Rue Daru.
Nevsky, a grand prince of Russia, defeated the Teutonic knights but became a monk in later life.
He is still one of the most popular saints in Russia.
This edifice became a listed building in 1983.
Supported by a very lively community the Russian heart of Paris beats as strongly as ever.

Église Saint-Augustin.
Style indéfini, romano-byzantin comme toujours sous le Second Empire mais techniquement révolutionnaire : Baltard, le maître des Halles, ose une structure métallique qui lui permet d'élever sans contreforts une coupole à 83 mètres.
Terminée en 1871, c'est la référence plastique, audacieuse, de ce nouveau quartier qui réclame des édifices prestigieux.
Une curiosité, la chapelle Charles-de-Foucault, conçue comme un mini musée.

Saint Augustine's church.
It has an indefinite, Romano-Byzantine style common to much of the Second Empire but it is technically revolutionary.
Baltard, who built Les Halles, ventured a steel structure, enabling the cupola to be raised to 83 metres without buttresses.
Completed in 1871 it became a daring point of reference in a new district that still lacks fine buildings.
Here too is an oddity, the Charles de Foucault chapel, designed as a miniature museum.

Parc Monceau, la colonnade grecque.
Les chapiteaux corinthiens se mirent dans une pièce d'eau.
Une idée du duc d'Orléans (1776) à l'époque où le goût des ruines est si vif qu'on en fabrique de toutes neuves, pour mieux rêver.
C'est aussi de cette folie que s'est envolé Garnerin en montgolfière, pour effectuer le premier saut en parachute en 1797.
Beaucoup de statues de grands hommes sont essaimées parmi les pelouses et les allées et donnent à ce parc délicieux l'air d'un Lagarde & Michard très illustré.

Parc Monceau, the Greek colonnade, with the Corinthian columns reflected in the pond. This was the brainchild of Philippe d'Orléans (1776) at a time when ruins were so in vogue people would build them brand new, the better to dream.
Garnerin took off from here in a hot-air balloon in 1797 to make the first parachute jump. Many statues of great men are scattered about the lawns, as if the park was a sort of illustrated Lagarde et Michard, a French school book devoted to famous historical figures.

Pont de la Concorde, côté quai des Tuileries. Les amoureux «ne se bécotent pas seulement sur les bancs publics», comme dans la chanson. Si l'eau de la Seine n'est pas aussi limpide que promis, elle produit toujours un effet euphorisant, ou apaisant. Les poissons reviennent.

Pont de la Concorde, on the Quai des Tuileries side. Lovers do not only kiss on park benches, as Brassens would have us believe. The water of the Seine may not be quite as clear as promised but it still has a soothing, euphoric effect. And the fish are returning.

Table des matières :

Table of contents:

Légendes :

p. 3 : La Seine, vue du square du Vert-Galant, à la pointe de l'île de la Cité. La passerelle des Arts devient le rendez-vous des amoureux qui attachent solidement des cadenas symboles de fidélité. Et les toits du Louvre.

p. 5 : Une des premières photos prises depuis la terrasse du Grand Palais qui n'était pas encore ouvert au public. Une vue inédite sur le pont Alexandre-III, la grande façade des Invalides. Dans le fond, les immeubles hauts du XIVe arrondissement. Au premier plan le quadrige installé en 1900: l'aurige tourne curieusement le dos à ses montures…

p. 6 : La Seine, vue du pont du Carrousel, vers l'est. On retrouve le square du Vert-Galant, embarcadère de nombreuses vedettes. Les tours de Notre-Dame émergent au milieu des toits. Au centre, le fin clocher-aiguille de la Sainte-Chapelle.

p. 192 : Rue Poliveau, près du Muséum et du Jardin des Plantes. La rue est célèbre à cause de la nouvelle de Marcel Aymé *La traversée de Paris*, et du film d'Autant-Lara avec Jean Gabin, Bourvil et Louis de Funès dans le rôle du trafiquant de marché noir. Au n° 45 un restaurateur avisé en a fait son enseigne.

Captions:

p. 3 : The Seine, from Square du Vert Galant, at the tip of Ile de la Cité. The Passerelle des Arts footbridge is a meeting place for lovers who fix padlocks symbolizing true love. In the background the roof of the Louvre.

p. 5 : One of the first pictures taken from the roof of the Grand Palais, before it opened to the public. An unusual view of Pont Alexandre III and the main façade of Les Invalides. Beyond, tower blocks in the 14th arrondissement. In the foreground the four-horse chariot erected in 1900. Its driver seems to be looking the wrong way…

p. 6 : The Seine from Pont du Carrousel, looking east. Square du Vert Galant again, where many river boats stop to pick up visitors. The towers of Notre Dame rise above the roofs, with the spire of Sainte Chapelle in the centre.

p. 192 : Rue Poliveau, near the Natural History Museum and Botanical Gardens. The street won fame thanks to Marcel Aymé's short story La traversée de Paris*, and the film by Autant-Lara with Jean Gabin, Bourvil and Louis de Funès as black market dealers. At n° 45 a smart restaurateur borrowed the name.*

Achevé d'imprimer en Union européenne, 3e trimestre 2010.